語言服務書系·出土文獻研究

華南師範大學文學院
國家語言文字推廣基地（華南師範大學）　　主　辦

出土文獻語言研究

第六輯

張玉金　主　編
劉　晶　副主編

暨南大學出版社
JINAN UNIVERSITY PRESS

中國·廣州

圖書在版編目（CIP）數據

出土文獻語言研究. 第六輯 / 張玉金主編 ; 劉晶副主編. -- 廣州 : 暨南大學出版社, 2024. 12. --（語言服務書系）. -- ISBN 978-7-5668-4085-1

Ⅰ. H109.2；K877.04

中國國家版本館 CIP 數據核字第 202483K6S3 號

出土文獻語言研究（第六輯）

CHUTU WENXIAN YUYAN YANJIU（DI-LIU JI）

主　編：張玉金　副主編：劉　晶

···

出 版 人：陽　翼

統　　籌：杜小陸

責任編輯：黃志波

責任校對：劉舜怡

責任印製：周一丹　鄭玉婷

出版發行：暨南大學出版社（511434）

電　　話：總編室（8620）31105261

　　　　　營銷部（8620）37331682　37331689

傳　　真：（8620）31105289（辦公室）　　37331684（營銷部）

網　　址：http：//www.jnupress.com

排　　版：廣州良弓廣告有限公司

印　　刷：廣州方迪數字印刷有限公司

開　　本：850mm×1168mm　1/16

印　　張：9.625

字　　數：220 千

版　　次：2024 年 12 月第 1 版

印　　次：2024 年 12 月第 1 次

定　　價：49.80 圓

前　言

　　出土文獻語言研究具有特別重要的學術價值，這是由出土文獻本身的學術價值決定的。

　　所謂出土文獻，是指出土文物上的文字資料，如甲骨文、金文、簡牘文字、帛書、玉石文字、貨幣文字、璽印文字、封泥文字、陶文等。出土文獻可以大致分爲兩類：一類是檔案，即文書；另一類是典籍，即古書。前者如包山楚簡中的《集箸》《集箸言》《受期》《疋獄》等編，雲夢睡虎地和龍崗出土的秦代法律文書；後者如郭店楚簡中的《老子》、上博楚簡中的《周易》等。

　　出土文獻對於漢語史、古代漢語的研究具有特別重要的價值。

　　首先，出土文獻年代和地域明確。

　　研究漢語史和古代漢語，首先要弄清楚漢語發展史中特定年代和地域的語言面貌，所以要求所使用的語料的年代和地域都明確。不少傳世古書的年代和地域存在疑問，學術界爭議很大，使用這樣的語料難以達到研究的目的。

　　討論出土文獻的年代問題時，會涉及三個時間，即文獻的形成年代（文獻是在甚麼年代寫成的）、抄寫年代（文獻是在甚麼年代抄寫的）、墓葬年代（文獻是在甚麼年代埋入墓葬的）。在這三者當中，最爲明確的是墓葬年代，這是該種文獻的年代下限。就文書類出土文獻而言，其形成年代、抄寫年代和墓葬年代都比較接近，有些甚至是同時的，如遣冊類文獻（隨葬品清單）。古書類出土文獻的年代問題則較爲複雜，這種文獻的形成年代、抄寫年代和墓葬年代往往相隔較遠，也就是說其形成年代往往早於抄寫年代，而抄寫年代往往早於墓葬年代。但是，由於這種文獻的墓葬年代明確，因此確定這種文獻的年代也不太難。以楚簡《老子》爲例，它的墓葬年代是戰國中期偏晚，這是年代下限。而《老子》一書不太可能爲老聃所親著，而應爲老聃的弟子或再傳弟子所編成，其形成年代很可能在戰國早期。這樣楚簡《老子》從形成年代到墓葬年代有一百幾十年的時間。在這段時間裏，《老子》有可能被改動，但是改動的人只能是戰國早期到中期偏晚的人，而不會是此後的人，這樣就不會有戰國中期偏晚以後的語言要素摻入。

　　討論出土文獻的地域問題時，也會涉及三個地域，即出土地域（墓葬所在的地域）、作者地域（文獻作者所屬的地域）、流傳地域（文獻曾流傳過的地域）。在這三者當中，最爲明確的是出土地域。文書類出土文獻的地域問題不太複雜，其出土地域、作者地域、流傳地域往往是一致的。有些文獻寫成後沒有經過流傳即進入墓葬，如遣冊類文獻；有些文獻在進入墓葬之前可能經過流傳，但不會超出一國的範圍。古書類出土文獻的地域問題比較複雜。有些文獻的出土地域和作者地域可能是一致的，如楚簡《老子》是從楚墓中出土的，老子是楚國人，他的弟子、再傳弟子可能多數也是楚國人。有些文獻的出土地域和作者地域就可能不一致，如楚簡《緇衣》是從楚墓中出土的，但其作者很可能是魯國人，是從魯國流傳到楚國的；再如睡虎地秦簡《日書》是從秦墓中出土的，但其作者可能是楚國人。從楚國流傳到秦國後，可能還被改寫了。

其次，出土文獻保持語言原貌。

研究漢語史和古代漢語，要求所使用的語料保持語言原貌，不能有錯誤，不能有後代語言現象的摻入。傳世文獻如《尚書》《詩經》《左傳》《墨子》等，經過長期流傳、反覆傳抄、屢經校勘、多次刊刻，難免失真。而出土文獻長期被掩埋在地下，未經流傳，能夠真實地保留當時語言的面貌，具有珍貴的語料價值。我們拿楚簡《老子》和今本《老子》（用的是王弼本，即王弼的《老子道德經注》）進行比較，來看看傳世《老子》在流傳過程中的失真情況。這裏僅比較兩個本子中的一小部分文字：

　　辠（罪）莫重虖（乎）甚欲，咎莫憯（憯）虖（乎）谷（欲）得，化（禍）莫大虖（乎）不智（知）足。（楚簡甲本《老子》）

　　禍莫大於不知足，咎莫大於欲得。（王弼本《老子》）

今本脫掉"辠（罪）莫重虖（乎）甚欲"一句，而且後兩句還顛倒了次序，先說"禍"句，後說"咎"句。楚簡本用"虖（乎）"，今本用"於"；楚簡本用"憯（憯）"，今本用"大"。

可見，與傳世文獻《老子》相比，楚簡《老子》更接近其原貌。

最後，出土文獻對於古代漢語各學科的研究都有重要的價值。

第一，用出土文獻能夠糾正《說文解字》中的一些錯誤，從而能對文字的形義作出正確的解釋。例如"王"字，《說文解字》的解釋是：字從三橫畫，代表天道、地道、人道，中間一豎代表通達，能夠通達天道、地道、人道的，就是王。但是這種解釋是錯誤的。"王"字本像鋒刃向下的斧鉞形，而斧鉞是王者權威的象徵。出土文獻的發現和研究還推動了文字學理論研究的發展，如文字起源理論、漢字結構理論、漢字字體發展理論的研究都有了新的進展。

第二，出土文獻能夠解決音韻學研究中的疑難問題，推動漢語音韻學的發展。例如以"去"爲聲符的字，有兩種並不相近的讀音：一是屬於魚部，如"呿""祛"等字；二是屬於葉部，如"劫""怯"等字。這是爲甚麼呢？原來是小篆把兩個讀音不同的字混在一起了。一個是從大從口，會意字，表示張大嘴巴，是"呿"的初文，也就是"離去"的"去"；另一個是象器蓋和器身之形，"盍"的上部即是如此，這個字應該讀爲"盍"。出土文獻爲音韻學的研究提供了新的材料，專家們利用出土文獻研究古音，取得了很多重要成果，如研究了東冬的分合、宵談的對轉等。未來音韻學要想取得更大的發展，利用出土文獻是途徑之一。

　　第三，出土文獻能夠糾正《說文解字》對於本義解釋的錯誤，爲某些詞的本義提供例證，能夠幫助人們正確區別古代同義詞。例如"庶"字，《說文解字》的解釋是"屋下眾"，但是從古文字來看，此字是从石从火，本義是煮。在上古時代，陶器出現以前，人們以火燒熱石頭烙烤食物，或者以熱石投於盛水的器物中煮熟食物，"庶"字正是這種生活方式的反映。又如"自"字，《說文解字》認爲其本義是"鼻子"，但是並沒有舉出例證來。不過這種例證在甲骨文中比較常見，甲骨文中有"疾自"一語，正是說鼻子有病。再如"追"和"逐"是一對同義詞，這兩個詞的區別如何，原來並不是很清楚。但是根據對甲骨文的研究，我們發現這兩個字的區別是很明顯的，即追人爲"追"，追動物爲"逐"。通過對出土文獻中詞彙的深入研究，能夠推動古漢語詞彙學的大發展。

　　第四，出土文獻對於古漢語語法學的研究意義更爲重大。如果沒有甲骨文，就根本無法研究殷商時代的語法。而運用甲骨文，我們可以描繪出殷商時代語法的基本面貌。如我們現在知道殷商時代的賓語前置句有三大類：第一類是否定句中的代詞賓語前置，所涉及的否定詞是"不""勿"，其代詞是"我""余""爾"。第二類是"唯+賓+動"式和"惠+賓+動"式的賓語前置句。"惠+賓+動"式不見於古文獻，"唯+賓+動"式只在《尚書》等古文獻中偶爾見到。第三類是名詞賓語可以直接放在動詞前，但要符合兩個條件：一是要與"惠+賓+動"式句構成對貞，二是在名詞賓語前要出現否定副詞"弜"。

　　總之，出土文獻年代和地域明確、保持語言原貌，對於文字學、音韻學、詞彙學、語法學等學科的研究都有特別重要的意義，因而應該重視對這種語料的整理和運用，並將其用於語言研究。

　　《出土文獻語言研究》是由張玉金主編的學術文集。第一輯出版於 2006 年，是由廣東高等教育出版社出版的，編委都是當時在職的華南師範大學教授。第二輯出版於 2015 年，開始由暨南大學出版社出版，編委則約請國內外在出土文獻語言研究方面卓有成就的專家擔任。第三輯出版於 2020 年，仍由暨南大學出版社出版。

　　自 2022 年起，《出土文獻語言研究》的出版不再中斷，2022 年出版第四輯，2023 年出版第五輯，2024 年出版第六輯，均由暨南大學出版社出版。

　　《出土文獻語言研究》能夠順利出版，得益於華南師範大學文學院院長段吉方教授的人力支持，他十分重視、支持教師的學術研究。

　　本學術文集旨在爲國內外出土文獻語言學界提供一個較高水準的學術交流平臺，主要發表原創性的出土文獻語言研究方面的學術論文，也適量發表原創性的古文字考釋和古漢語研究方面的學術論文，不發表已經發表過的學術論文，敬請學界朋友們賜稿。

張玉金

2024 年 10 月

目　錄

書　評

學　聞

關於甲骨文四方風名"曰"字刻辭的補釋[*]

——兼議上古漢語定語後置的問題

毛志剛

提 要 胡厚宣最早對甲骨文四方風名進行了研究，其後有不少學者對甲骨文四方風名作了更爲深入的探討，但各家對四方風名"曰"字甲骨刻辭釋文的斷句多有可商之處。本文認爲商周漢語均有"曰"字動賓短語作後置定語的用法，甲骨文四方風名"曰"字刻辭中"曰"字短語也是動賓短語作定語後置的用法，"帝（禘）于某方曰某風曰某"當斷句爲"帝（禘）于某方曰某、風曰某"，其中方神、風神均爲祭祀的對象。本文也對《尚書·堯典》中"分命（或申命）某宅某方曰某"的斷句進行了探討，認爲該小句也不應點斷。

關鍵詞 四方風名 "曰"字刻辭 定語後置 《尚書·堯典》

一、甲骨文關於四方風名"曰"字的刻辭

據蔡哲茂（2013b：167－170），甲骨文有四方風名的記載見於《合集》14294①、《醉古》73②（《合集》3814＋《合集》13034＋《合集》13485＋《合集》14295＋《乙》4872＋《乙》5012，爲六片甲骨綴合而成）、《合集》40550③（《英藏》1288）、《合集》30393、《合集》30392、宇野雪村氏舊藏甲骨片。其中，《合集》14294、林宏明《醉古》73 片（2011：95－96）的刻辭包含完整的四方風名。蔡哲茂對《醉古》73 進行了釋文，該拓片共有 15 條刻辭④，其中有 4 條關於四方風名的"曰"字刻辭，本文關注的主要是這 4 條四方風名"曰"字相關刻辭的釋讀及其相關問題。

＊ 本文爲國家社會科學基金西部項目"類組斷代理論視野下的商代甲骨文虛詞研究"（項目編號：18XYY022）的階段性成果。論文曾在中國古文字研究會第二十四屆學術年會與第十一屆"黃河學"高層論壇暨"古文字與出土文獻語言研究"國際學術研討會小組討論，蒙與會專家復旦大學劉釗教授，西南大學孟蓬生教授、鄧飛教授、李發教授等提出寶貴的修改意見，論文得到華南師範大學張玉金教授的悉心指導，一併致謝！

① 又見於《京津》520、《拾掇》2.159。
② 見於林宏明：《醉古集：甲骨的綴合與研究》，臺北：萬卷樓圖書股份有限公司 2011 年版，第 95－96 頁。
③ 又見於《金璋》472、《英藏》1288。
④ 陳年福《殷墟甲骨文摹釋全編》（第三卷，第 1346－1347 頁），該圖版釋文爲 16 條刻辭。張惟捷、蔡哲茂《殷虛文字丙編摹釋新編》釋文爲 15 條刻辭。

圖1　《合集》14294　　　　　　　　　　　圖2　《醉古》73

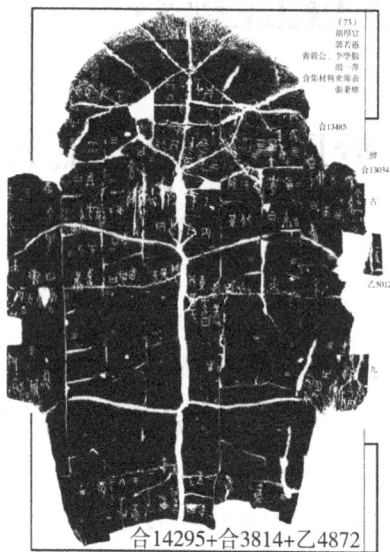

　　胡厚宣（1944：3）首次對甲骨文的四方風名刻辭進行了考釋，文中甲骨引文出自三片甲骨，即劉體智所藏甲骨片《京津》520（《合集》14294）、殷墟第十三次發掘所得甲骨片《殷墟文字綴合》261（後綴合入《合集》14295）、金璋所藏甲骨著錄書《金璋》472（《合集》40550、《英藏》1288）。胡厚宣所見甲骨爲未綴合片，所以其對四方風名刻辭的釋文不是很完整。但胡厚宣篳路藍縷，結合《尚書·堯典》《山海經》《夏小正》《國語》等傳世典籍的相關記載，對甲骨刻辭四方風名進行了較爲深入的考釋，開了對甲骨文四方風名研究的先河。1956年胡厚宣又發表了《釋殷代求年於四方和四方風的祭祀》，該文論述更加深入。前所引《京津》520的刻辭爲4條四方風名的記事刻辭，其斷句、標點學界沒有爭議。前所引四方風名甲骨片《殷墟文字綴合》261已經由多位學者綴合，釋文較爲完整，摘錄如下：

　　辛亥卜，内，貞：帝（禘）與北方［曰］勹，［鳳］曰役，牽［年］。一月。一二三四
　　辛亥卜，内，貞：帝（禘）于南方曰岜，鳳（風）巳，牽年。一二三四
　　貞帝（禘）于東方曰析，鳳（風）曰劦，牽年。一二三［四］
　　貞帝（禘）于西方曰彝，風曰丯，牽（禱）年。（《乙》4548＋4796＋4876＋5161＋6533＋《京》428）

　　胡厚宣對這4條刻辭的斷句影響了後來的學者。目前學者研究所參考的釋文著作主要有胡厚宣主編《甲骨文合集釋文》（1999），曹錦炎、沈建華編著《甲骨文校釋總集》（2006：1701），陳年福《殷墟甲骨文摹釋全編》（2010：1346－1347），張惟捷、蔡哲茂編著《殷虚文字丙編摹釋新編》（2017：514）等。4種著作的釋文在字詞上大同小異，差別

主要在採取的是嚴式還是寬式，字形是來自原拓還是進行了隸定或釋字。斷句標點方面，《殷墟甲骨文摹釋全編》沒有斷句；《甲骨文合集釋文》（以下簡稱《合集釋文》）、《殷虛文字丙編摹釋新編》（以下簡稱《丙編摹釋新編》）只有斷句，沒有標點。《甲骨文校釋總集》（以下簡稱《校釋總集》）有標點，但該書的標點多有可議之處。下面我們比較一下《合集釋文》《校釋總集》《丙編摹釋新編》對《合集》14295"曰"字刻辭的釋文、斷句或標點（不考慮兆序）。

圖3　《合集》14295

《合集釋文》（1999）對《合集》14295 的釋文如下：

辛亥卜．內．貞帝于北方曰（夗）風曰［役］．羍［年］。
辛亥卜．內．貞帝于南方曰兆．風夷．羍年。
貞帝于東方曰析．風曰劦．羍年。
貞帝于西方曰彝．風曰夷．羍年。

《校釋總集》（2006：1701）對《合集》14295 的釋文如下：

辛亥卜，內，貞帝（禘）于北方曰伏，風曰殴，羍［年］。
辛亥卜，內，貞帝（禘）于南方曰兆，風尸，羍年。
貞帝于東方曰析，風曰劦，羍年。
貞帝于西方曰彝，風曰半，羍（禱）年。

《丙編摹釋新編》（2017：514）對《合集》14295 的釋文如下：

> 辛亥卜丙貞：帝（禘）于北方曰（伏）。風曰（屬）。奉（禱）年。一月。
> 辛亥卜丙貞：帝（禘）于南方曰髟。風夷。奉（禱）年。
> 貞：帝（禘）于東方曰析。風曰劦。奉（禱）年。
> 貞：帝（禘）于西方曰彝。風曰橐。奉（禱）年。

各家對四方風名的隸定如表 1 所示：

表 1　各家學者對四方風名的隸定對照表

	北方	南方	東方	西方	北風	南風	東風	西風
胡厚宣	勹	屵	析	彝	殳	㇟	劦	圶
裘錫圭		因						
于省吾	夗（"宛"之初文）		析	彝（讀爲"夷"）	伇（讀爲"洌"）		劦	圭（通"介"）
《合集釋文》	夗	屵	析	彝	伇	夷	劦	橐
《校釋總集》	伏	屵	析	彝	殳	尸	劦	丯
常玉芝	勹	屵	析	彝	殳	夷	劦	橐
蔡哲茂	勹（伏）	髟	析	彝	㇟	夷	劦	≋
張惟捷	勹（伏）	髟	析	彝	㇟（屬）	夷	劦	橐

　　不難看出，三種釋文在風名字形隸定上雖互有異同，但對三個小句的斷句基本一致。三種釋文均在"風曰某"（或"風某"）前斷句。

　　胡厚宣之後，先後有不少學者對甲骨文和典籍文獻中的四方風名進行了研究，如楊樹達（1954）、裘錫圭（1978）、于省吾（1979：123－129）等學者的研究。我們主要關注學者們研究時所引《合集》14295 關於四方風名刻辭的釋文情況。除胡厚宣的兩篇文章引了四方風名"曰"字刻辭的釋文外，研究時引這四條釋文的還有陳夢家（1956：589－593）、丁山（1961：78－79）、于省吾（1979：123－129）、曹錦炎（1982：70）、鄭慧生（1984）、連劭名（1988，2004）、常玉芝（2010：100）、蔡哲茂（2013b：167－168）等。諸家所引《合集》14295"曰"字刻辭雖在字詞隸定上（主要是四方風名）略有差異，但斷句、標點基本都沿襲胡厚宣（1956）的釋文。

　　這些學者在引四方風名"曰"字刻辭時均如胡厚宣（1956）、《校釋總集》等的釋文在"風曰某"（或"風某"）後斷開。下面僅引蔡哲茂（2013b：167－168）、常玉芝（2010：100）兩位學者對《合集》14295 中"曰"字刻辭的釋文來說明前人釋文的問題。

　　蔡哲茂（2013b：167－168）對這 4 條刻辭的釋文如下：

辛亥卜內貞：禘于北方曰勹（伏），風曰□，桒年。一月。

辛亥卜內貞：禘于南方曰彭，風夷，桒年。

貞：禘于東方曰析，風曰劦，桒年。

貞：禘于西方曰彝，風曰□，桒年。（《醉古》73）

常玉芝（2010：100）的釋文如下：

辛亥卜，內貞：帝（禘）于北方曰勹，風曰阝殳。求［年］。

辛亥卜，內貞：帝（禘）于南方曰岂，風夷。求年。一月。

貞：帝（禘）于東方曰析，風曰劦。求年。

貞：帝（禘）于西方曰彝，風曰朿。求年。（《合集》14295）

兩位學者的斷句均似有不妥。以常玉芝釋文第三條刻辭爲例，按其標點，卜辭大意一般要理解爲向叫“析”的東方神進行禘祭，東風名叫“劦”，以祈求好的年成。但這樣理解顯然不合情理，因爲要卜問是否向東方“析”神祭祀，中間不會插入無關的介紹東風名的信息。常玉芝對意思的解釋是對的，她說“這4條卜辭卜問禘祭四方神和四方風神的目的，都是‘求年’，即祈求四方神和四方風神保祐給予好年成”。但這樣的理解似與對卜辭的斷句矛盾。問題出在哪呢？問題出在對卜辭的斷句上，筆者認爲這4條卜辭均不應在“風曰某”（或“風某”）前斷開。

要使《合集》14295中4條有關四方風名的“曰”字刻辭的語法、語義都講得通，我們認爲4條“曰”字刻辭似當作如下釋文和斷句、標點：

辛亥卜，內貞：帝（禘）于北方曰伏、鳳（風）曰阝殳，桒年？

辛亥卜，內貞：帝（禘）于南方曰岂、鳳（風）曰尸（夷），桒年？

貞：帝（禘）于東方曰析、鳳（風）曰劦，桒（禱）年？

貞：帝（禘）于西方曰彝、鳳（風）曰丰（朿），桒（禱）年？

上面的斷句與先前絕大多數學者的釋文有明顯區别的是：從句法上看，我們把“某方曰某”看作定語後置的定中短語；而“某方曰某、風曰某”爲並列結構名詞性短語，作介詞“于”的賓語。從句義上看，我們把“某方曰某”“風曰某”均看作禘祭的對象，更簡略地說，即方神、風神爲祭祀的對象。下面簡要論述這樣斷句的原因。

二、四方風名“曰”字卜辭的句法分析及商周漢語定語後置的問題

（一）對甲骨文四方風名“曰”字卜辭的句法分析

對上面釋文句法、句義理解的關鍵是對“帝（禘）于某方曰某、風曰某”的句法、句

義的理解，下面我們以上面釋文第一句中的"帝（褅）于北方曰伏、風曰殴"的結構分析
爲例進行說明。該短語結構應該這樣分析：

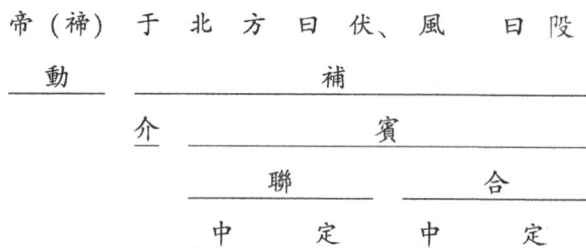

```
帝（褅）　于　北　方　曰　伏、　風　　曰　殴
─────　──────────────────
  動　　　　　　　　補
　　　　　──────────────────
　　　　　介　　　　　　　賓
　　　　　　　──────　　──────
　　　　　　　　聯　　　　　　　合
　　　　　　　──　──　──　──
　　　　　　　中　定　中　定
```

"帝（褅）于北方曰伏、風曰殴，藁年"的句義爲對叫作"伏"的北方神、叫作
"殴"的風神一起進行帝（褅）祭，以祈求好的年成。該小句中的"北方曰伏""風曰殴"
爲定語後置性結構的短語，而"北方曰伏、風曰殴"爲聯合短語作祭祀動詞"帝（褅）"
的賓語，"帝（褅）于北方曰伏、風曰殴"爲動補結構。這樣的分析無論是從句法還是句
義上看都很通，另外3條卜辭均應這樣理解。下面我們對"某方曰某""風曰某"這種定
語後置的句法現象略加說明。

（二）商周漢語定語後置的語言現象

較早關注甲骨文定語後置句法現象的是張玉金（2001：295－296）等學者，張玉金認
爲"甲骨文中的定語，跟後世古文獻中的定語一樣，通常是出現在中心語之前的。有時候，
則把定語置於中心語之後，後置的定語可以是數詞定語、數量定語、形容詞定語、名詞定
語"。其所舉用例如下：

（1）乙未卜：今日王狩田，率擒？允獲<u>虎二</u>、<u>兕一</u>、<u>鹿十二</u>、<u>豕二</u>、<u>黿百二</u>
<u>十七</u>、<u>□二</u>、<u>兔二十三</u>、<u>[雉]七</u>。（《合集》10197）
（2）惠可用于<u>宗父甲</u>，王受有佑？（《英藏》2267）

例（1）中，"虎二""兕一""鹿十二""豕二"等均爲數詞定語後置類的短語。
例（2）中，"宗父甲"中的"父甲"爲"宗"的後置性定語，卜辭另多見"神主＋
宗"的短語結構，如：

（3）于<u>父甲宗</u>門用，又正。吉。（《屯南》2334）
（4）甲戌卜：乙亥王其彝于<u>大乙宗</u>。不用。（《合集》32360）
（5）甲申卜，即貞：其又于兄壬于<u>母辛宗</u>。（《合集》23520）

張玉金（2001：296）也注意到甲骨文刻辭有"後置的定語放在中心語之後，定語前有
用'曰'的"用例。其所舉有《合集》14295、10136兩片甲骨刻辭的用例：

（6）辛亥卜，內貞：禘于南方曰微風夷禱年？

　　辛亥卜，內貞：禘于北方曰伏風曰殴禱 [年]？

　　貞：禘于東方曰析風曰劦禱年？

　　貞：禘于西方曰彝風曰豐禱年？（《合集》14295）

（7）壬寅卜，殼貞：侑于父乙宰曰勿，卯鼎？（《合集》10136）

　　張玉金的觀點和舉例給我們很大的啓發，但現在看來，其對《合集》14295 的斷句和標點似有可商，如 "禘于北方曰伏風曰殴" 中的 "伏" 前宜加頓號，"禱年" 前應點斷等。較爲完善的釋文和斷句當如本文第一部分對《合集》14295 刻辭的釋文和標點。"帝（禘）于北方曰伏、鳳（風）曰殴" "帝（禘）于南方曰岂、鳳（風）曰尸（夷）" "帝（禘）于東方曰析、鳳（風）曰劦" "帝（禘）于西方曰彝、鳳（風）曰羊（彗）" "侑于父乙宰曰勿"，各小句中的 "曰" 字短語均爲動賓短語作中心語的後置定語。

　　據趙平安（1990）、潘玉坤（2003：200 – 214）、張玉金（2004：246、247、331 – 336）等學者的研究，西周漢語也有定語在中心語之後的用法。趙平安（1990）認爲金文中後置定語的類型有介詞詞組、名詞或名詞性詞組、動詞性詞組、數量詞及其詞組四種。張玉金（2004：246、247、331 –336）認爲西周金文數詞、數量短語、名詞性短語、介賓短語、動詞性詞語均可作後置定語。三位學者的觀點基本一致，都認爲西周金文動詞性詞語（動詞性短語）均可作後置定語。值得注意的是張玉金（2004：333 –334）發現了西周金文中 "曰" 字動賓短語作後置定語的情況，其所舉用例如下：

（8）唯十又三月辛卯，王在斤，賜遣采曰列，賜貝五朋。遣對王休。（《遣卣銘》）

（9）伯買父廷以厥人戌漢中州曰殴曰克。（《中甗銘》）

（10）用眾一夫曰嗌，用臣曰壹曰 [胐] 曰奠，曰用茲四夫稽首。（《智鼎銘》）

　　張玉金認爲例（8）中的 "采曰列"，意義是名叫 "列" 的采邑；例（9）中的 "漢中州曰殴曰克"，意義是名叫 "殴" 和 "克" 的 "漢中州"。例（8）、（9）、（10）中的 "曰列" "曰殴曰克" "曰嗌" "曰壹曰 [胐] 曰奠" 均爲動賓短語，在句中作前置中心語的後置定語。西周金文 "曰" 字動賓短語作後置定語的用法與殷墟甲骨文的用法一脉相承。

　　關於傳世文獻中定語後置的使用情況，前輩學者談到的較多。如張顯成（1985）研究了古漢語中的形容詞作後置定語的情況，孟蓬生（1993）談了上古漢語大名冠小名的語序等。所見談傳世文獻中動詞性詞語作後置定語的研究成果不多。

（三）"帝（禘）于某方曰某、風曰某" 的句法和語義

　　綜上，我們認爲甲骨文四方風名 "曰" 字刻辭中的 "曰某" 是動賓短語作中心語後置定語的用法。"帝（禘）于某方曰某、風曰某" 的短語結構當分析爲：

帝（褅）　于　某　方　曰　某、風　曰　某
　動　　　　　　　　　補
　介　　　　　　　　　賓
　　　　　聯　　　　合
　　　中　　定　中　　定

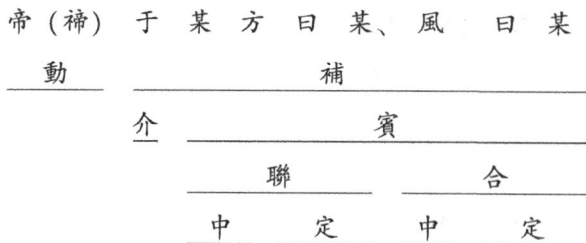

"帝（褅）于某方曰某、風曰某"這種句式爲"曰"字動賓短語作後置定語的用法，其句義爲"對叫作某的方神、叫作某的風神進行褅祭，以祈求好的年成"。

三、關於《尚書·堯典》"曰"字句的斷句、標點

值得注意的是，《尚書·堯典》中也有同甲骨文四方風名"曰"字動賓刻辭作後置定語相類似的用例。對其用例，我們先不作標點，即"分命羲仲宅嵎夷曰暘谷……申命羲叔宅南交平秩南訛敬致……分命和仲宅西曰昧谷……申命和叔宅朔方曰幽都"①。

關於《尚書》，前人注譯本較多，這些注譯本所據《尚書·堯典》版本或斷句多有不同。按文本內容及斷句而言，大致可概括爲四類：

第一類以周秉鈞《尚書易解》（1984：4－6）爲代表。文本及斷句爲"分命羲仲，宅嵎夷曰暘谷……申命羲叔，宅南交。平秩南訛，敬致……分命和仲，宅西，曰昧谷……申命和叔，宅朔方，曰幽都"。筆者按：周秉鈞諸學者對"宅嵎夷曰暘谷"沒有點斷，但對同樣的"宅＋NP$_{處所}$＋曰＋NP$_{地名}$"結構的後兩個小句，卻點斷爲"宅西，曰昧谷""宅朔方，曰幽都"。大概是周秉鈞認爲點斷不點斷的意思一樣。

第二類以屈萬里《尚書釋義》（1980：24）爲代表。文本及斷句爲"分命羲仲，宅嵎夷，曰暘谷……申命羲叔，宅南交。平秩南訛，敬致……分命和仲，宅西，曰昧谷……申命和叔，宅朔方，曰幽都"。江灝、錢宗武譯注《今古文尚書全譯》（1990：15），李學勤主編《尚書正義》（簡體本）（1999b：29－30）從之。筆者按：屈萬里等學者的注譯本文本內容同周秉鈞（1984），但該注譯本把"VP＋NP$_{處所}$＋曰＋NP$_{地名}$"均點斷爲三個小句。

第三類以李民、王健《尚書譯注》（2004：3）爲代表。其文本及斷句爲"分命羲仲，宅嵎夷，曰暘谷……申命羲叔，宅南交，曰明都。平秩南訛，敬致……分命和仲，宅西，曰昧谷……申命和叔，宅朔方，曰幽都"。陳襄民等注譯（2000）從之。

筆者按：李民等學者的文本與標點和屈萬里（1980）注譯本相比，"宅南交"後增有"曰明都"詞句，其他內容和標點同屈萬里（1980）。王世舜（1982），李民、王健（2004），陳襄民等注譯（2000）在第二句均有"曰明都"小句，而其餘諸家皆無。查《尚書正義》，鄭玄注疏時據文義認爲"'曰明都'三字摩滅"［李學勤主編《尚書正義》（簡

---

① 這幾個句子在這裏採用的是多數學者注譯所據的版本。另有學者所注譯的版本"宅南交"後有"曰明都"詞句。下文我們會提到這個問題。

體本），1999b：38］，王世舜等三家可能據此添加，這做法可能不妥。[①] 下面我們重點分析"VP + NP$_{處所}$ + 曰 + NP$_{地名}$"的句法結構，即"分命（或申命）某宅某方曰某"的結構。

第四類以李學勤主編《尚書正義》（繁體本）（1999a：38 – 40）爲代表。慕平譯注《尚書》（2009：3 – 6）從之。其文本及斷句爲"分命羲仲宅嵎夷曰暘谷……申命羲叔宅南交，平秩南訛，敬致……分命和仲宅西曰昧谷……申命和叔宅朔方曰幽都"。目前所見版本唯有李學勤主編《尚書正義》（繁體本）、慕平譯注《尚書》的文本内容及標點是這樣的。筆者按：李學勤主編《尚書正義》（繁體本）（1999a：38 – 40）、慕平譯注《尚書》（2009：3 – 6）對三個小句中的"宅 + NP$_{處所}$ + 曰 + NP$_{地名}$"結構都沒有點斷。筆者認同這種斷句。

爲了直觀地展示各家注譯所據文本的内容和標點，我們對以下幾種《尚書》注譯版本的文本及標點列表比較如下：

表 2　關於《尚書·堯典》"曰"字句諸家版本的文本及標點對照表

注譯者	書名	第一句文本及標點	第二句文本及標點	第三句文本及標點	第四句文本及標點
周秉鈞	《尚書易解》（1984）	分命羲仲，宅嵎夷曰暘谷。	申命羲叔，宅南交。平秩南訛，敬致。	分命和仲，宅西，曰昧谷。	申命和叔，宅朔方，曰幽都。
屈萬里	《尚書釋義》（1980）	分命羲仲，宅嵎夷，曰暘谷。	申命羲叔，宅南交。平秩南訛，敬致。	分命和仲，宅西，曰昧谷。	申命和叔，宅朔方，曰幽都。
王世舜	《尚書譯注》（1982）	分命羲仲，宅嵎夷，曰暘谷。	申命羲叔，宅南交，曰明都。平秩南訛，敬致。	分命和仲，宅西，曰昧谷。	申命和叔，宅朔方，曰幽都。
江灝、錢宗武	《今古文尚書全譯》（1990）	分命羲仲，宅嵎夷，曰暘谷。	申命羲叔，宅南交。平秩南訛，敬致。	分命和仲，宅西，曰昧谷。	申命和叔，宅朔方，曰幽都。
《十三經注疏》整理委員會整理，李學勤主編	《尚書正義》（簡體本）（1999b）	分命羲仲，宅嵎夷，曰暘谷。	申命羲叔，宅南交。平秩南訛，敬致。	分命和仲，宅西，曰昧谷。	申命和叔，宅朔方，曰幽都。
《十三經注疏》整理委員會整理，李學勤主編	《尚書正義》（繁體本）（1999a）	分命羲仲宅嵎夷曰暘谷。	申命羲叔宅南交，平秩南訛，敬致。	分命和仲宅西曰昧谷。	申命和叔宅朔方曰幽都。

①　蒙重慶師範大學尚書學專家陳良中教授指正，"曰明都"小句爲馬融據文義所添加。特此致謝！

（續上表）

注譯者	書名	第一句文本及標點	第二句文本及標點	第三句文本及標點	第四句文本及標點
李民、王健	《尚書譯注》（2004）	分命羲仲，宅嵎夷，曰暘谷。	申命羲叔，宅南交，曰明都。平秩南訛，敬致。	分命和仲，宅西，曰昧谷。	申命和叔，宅朔方，曰幽都。
陳襄民等	《五經四書全譯·尚書》（2000）	分命羲仲，宅嵎夷，曰暘谷。	申命羲叔，宅南交，曰明都。平秩南訛，敬致。	分命和仲，宅西，曰昧谷。	申命和叔，宅朔方，曰幽都。
慕平	《尚書》（2009）	分命羲仲宅嵎夷曰暘谷。	申命羲叔宅南交，平秩南訛，敬致。	分命和仲宅西曰昧谷。	申命和叔宅朔方曰幽都。

《尚書·堯典》中的短語“命某宅某方曰某”的句法結構可分析爲“$V_{使令}$＋$NP_人$＋$VP_宅$＋$NP_{某方}$＋曰＋$NP_{地名}$”的結構，其中“命”爲使令動詞，短語整體上是兼語短語；其中“曰”字短語“曰＋$NP_{地名}$”是動賓結構作“$NP_{地名}$”的後置定語。

《尚書·堯典》“曰”字短語作後置定語的用法與甲骨文“帝（禘）于某方曰某”中的“曰某”作“某方”後置定語的用法類同，這種用法當是對甲骨文、西周金文“曰”字動賓短語作後置定語用法的承襲。四小句中的“$VP_{分命(或申命)}$＋$NP_人$＋$VP_宅$＋$NP_{某方}$＋曰＋$NP_{地名}$”結構均不應點斷，所見李學勤主編《尚書正義》（繁體本）（1999a：38－40）和慕平譯注《尚書》（2009：3－6）的標點可能更接近商周漢語的實際。若本著接近商周漢語的實際，我們認爲《尚書·堯典》的文本及標點當爲：“分命羲仲宅嵎夷曰暘谷……申命羲叔宅南交。平秩南訛，敬致……分命和仲宅西曰昧谷……申命和叔宅朔方曰幽都。”

綜上，對《尚書·堯典》中的“分命（或申命）某宅某方曰某”結構點斷和不點斷，句法和句義都有明顯的不同。筆者認爲《尚書·堯典》中的“宅＋$NP_{處所}$＋曰＋$NP_{地名}$”結構同甲骨文中的“帝（禘）于某方曰某”結構一樣不能點斷，其句義爲“住在某地叫作某名的地方”。

據前人研究，《尚書·堯典》在內容和語言形式上多有商周時期的特徵。胡厚宣認爲《尚書·堯典》曰宅某方曰某者，襲甲骨文、《山海經》之某方曰某也。從甲骨文和《尚書·堯典》“曰”字動賓短語均作後置定語來看，《尚書·堯典》關於四方風名之言當淵源有自，胡厚宣之說有其真知灼見。

參考文獻

［1］蔡哲茂：《說甲骨文北方風名》，《東華漢學》2013年第18期。（2013a）

［2］蔡哲茂：《甲骨文四方風名再探》，宋鎮豪主編：《甲骨文與殷商史》（新三輯），上海：上海古籍出版社2013年版。（2013b）

[3] 曹錦炎：《釋甲骨文北方名》，朱東潤、李俊民、羅竹鳳主編：《中華文史論叢》（一九八二年第三輯），上海：上海古籍出版社 1982 年版。

[4] 曹錦炎、沈建華編著：《甲骨文校釋總集》，上海：上海辭書出版社 2006 年版。

[5] 常玉芝：《商代宗教祭祀》，北京：中國社會科學出版社 2010 年版。

[6] 陳夢家：《殷虚卜辭綜述》，北京：科學出版社 1956 年版。

[7] 陳年福：《殷墟甲骨文摹釋全編》，北京：綫裝書局 2010 年版。

[8] 陳襄民等注譯：《五經四書全譯·尚書》，鄭州：中州古籍出版社 2000 年版。

[9] 丁山：《中國古代宗教與神話考》，上海：龍門聯合書局 1961 年版。

[10] 胡厚宣：《甲骨文四方風名考證》，《甲骨學商史論叢》（初集），齊魯大學國學研究所專刊，1944 年。又載於胡厚宣：《甲骨學商史論叢初集》（外一種），石家莊：河北教育出版社 2002 年版。

[11] 胡厚宣：《釋殷代求年於四方和四方風的祭祀》，《復旦學報》（人文科學版）1956 年第 1 期。

[12] 胡厚宣主編：《甲骨文合集釋文》，北京：中國社會科學出版社 1999 年版。

[13] 江灝、錢宗武譯注，周秉鈞審校：《今古文尚書全譯》，貴陽：貴州人民出版社 1990 年版。

[14] 李民、王健：《尚書譯注》，上海：上海古籍出版社 2004 年版。

[15] 連劭名：《商代的四方風名與八卦》，《文物》1988 年第 11 期。

[16] 連劭名：《卜辭所見商代思想中的四風與天命》，《華夏考古》2004 年第 2 期。

[17] 林宏明：《醉古集：甲骨的綴合與研究》，臺北：萬卷樓圖書股份有限公司 2011 年版。

[18] 孟蓬生：《上古漢語的大名冠小名語序》，《中國語文》1993 年第 4 期。

[19] 慕平譯注：《尚書》，北京：中華書局 2009 年版。

[20] 潘玉坤：《西周金文語序研究》，華東師範大學博士學位論文，2003 年。又於 2005 年由華東師範大學出版社出版。

[21] 裘錫圭：《說 "𩁹𥁕白大師武"》，《考古》1978 年第 5 期。

[22] 裘錫圭：《甲骨文字考釋（續）·釋南方名》，《裘錫圭學術文集·甲骨文卷》，上海：復旦大學出版社 2012 年版。

[23] 屈萬里：《尚書釋義》，臺北：中國文化大學出版部 1980 年版。

[24]《十三經注疏》整理委員會整理，李學勤主編：《尚書正義》（繁體本），北京：北京大學出版社 1999 年版。（1999a）

[25]《十三經注疏》整理委員會整理，李學勤主編：《尚書正義》（簡體本），北京：北京大學出版社 1999 年版。（1999b）

[26] 王世舜：《尚書譯注》，成都：四川人民出版社 1982 年版。

[27] 楊樹達：《甲骨文中之四方神名與風名》，《積微居甲文說》，北京：中國科學院 1954 年版。又收入《積微居甲文說　耐林廎甲文說　卜辭瑣記　卜辭求義》，上海：上海古籍出版社 2013 年版。

[28] 于省吾：《釋四方和四方𠬝的兩個問題》，《甲骨文字釋林》，北京：中華書局 1979 年版。

[29] 張惟捷、蔡哲茂編著：《殷虛文字丙編摹釋新編》，臺北："中央研究所" 歷史語言研究所 2017 年版。

[30] 張顯成：《古漢語中的形容詞後置定語》，《西南民族學院學報》（哲學社會科學版）1985 年第 3 期。

[31] 張玉金：《甲骨文語法學》，上海：學林出版社 2001 年版。

［32］張玉金：《西周漢語語法研究》，北京：商務印書館 2004 年版。

［33］趙平安：《兩周金文中的後置定語》，《古漢語研究》1990 年第 2 期。

［34］鄭慧生：《商代卜辭四方神名、風名與後世春夏秋冬四時之關係》，《史學月刊》1984 年第 6 期。

［35］周秉鈞：《尚書易解》，長沙：嶽麓書社 1984 年版。

A Supplementary Explanation of Oracle Bone Inscriptions Containing the Word of "*Yue*" (曰) and Names of the Winds in Four Directions —A Discussion on the Postposition of Attributives in Ancient Chinese

Mao Zhigang

Abstract：Following Hu Houxuan's first research on names of the winds in four directions in oracle bone inscriptions, many scholars have also made many more in-depth studies. However, many oracle bone inscription explanations containing "names of the winds in four directions" and the word of "*yue*" (曰) might have been punctuated controversially. Since there are verb-object phrases of "*yue*" (曰) used as postpositive adjectives in both Shang and Zhou Chinese, this article believes that the "*yue*" (曰) phrases in inscriptions together with the four wind names, are also verb-object phrases used as postpositive adjectives, which means sentences like "*di* (*di*) *yu mou fang yue mou feng yue mou*" ［帝（禘）于某方曰某風曰某］ should be interpreted as "*di* (*di*) *yu mou fang yue mou、feng yue mou*" ［帝（禘）于某方曰某、風曰某］, where "*fang*" (方) and "*feng*" (風) respectively refers to the gods of directions and winds that are worshiped by ancient people. This article also discussed the punctuation of sentences like "*fenming* (*huo shenming*) *mou zhai mou fang yue mou*" ［分命（或申命）某宅某方曰某］ in *Book of Documents*：*Canon of Yao* (《尚書·堯典》), and thinks that clauses like this should be read as a whole without being punctuated.

Key words：names of the winds in four directions, inscriptions of "*yue*" (曰), the postposition of attributives, *Book of Documents*：*Canon of Yao* (《尚書·堯典》)

（重慶師範大學文學院）

殷墟卜辭 "神名 + 祭祀動詞" 偏正結構短語探析

劉鑫雨　　王蘊智

提　要　殷墟卜辭中習見 "神名 + 祭祀動詞" 偏正結構短語，其在句子中經常充當主語或賓語。這一語言現象以往學界關注不夠，諸家對相關辭例的釋讀意見不盡一致。通過辭例考察與分析，本文認爲 "神名 + 祭祀動詞" 短語用作主語或賓語時，可視爲無標記的名詞性偏正結構。辨別偏正結構短語 "神名 + 祭祀動詞"，可從語法和語義兩方面找出判斷依據：此偏正短語在句子中的語義具有名物化的特徵；其在句中的謂語主要由其他動詞充當。作爲殷商時期的一種語言表達習慣，"神名 + 祭祀動詞" 偏正結構短語在殷墟各類卜辭裏均有出現，其中無名組和黄組卜辭出現頻率最高，主要分佈在述賓謂語句、動詞謂語句、動詞性非主謂句三類句型中。

關鍵詞　卜辭　偏正結構　神名　祭祀動詞

在殷墟卜辭中，"神名" 往往出現在 "祭祀動詞" 之前，早期學者一般將這種語言現象判屬於賓語前置句（管燮初，1953；陳夢家，1956）。隨著甲骨學與語言學的深入結合，學界對 "神名 + 祭祀動詞" 的考察描寫逐漸細緻，沈培（1992）、張玉金（2001）、時兵（2002）、賈燕子（2003）、鄭繼娥（2004）、齊航福（2015）等學者在句型、語義内涵等方面各有探討。其中，張玉金（2001）以王賓卜辭爲例，首次提出殷墟卜辭存在偏正結構 "神名 + 祭祀動詞"。此後，趙偉（2022）指出禦祭卜辭中有 "人名/稱謂 + 卩（禦）""事件 + 卩（禦）" 和 "神名 + 卩（禦）" 三種指稱方式屬偏正結構，並提出將神名賓語提前構成的偏正結構並不僅限於禦祭卜辭。考察與 "神名 + 祭祀動詞" 相關的卜辭，我們發現這種偏正結構短語在句法與語義上存在一定的獨特性，尚有進一步討論的空間。筆者不揣淺陋，草成拙文，以就教於方家。

一、對偏正結構 "神名 + 祭祀動詞" 短語的辨別

卜辭中的祭祀動詞，是指施祭者使用特定祭法祭祀神祖的行爲。在某些語境下，神名位於祭祀動詞之前，構成主謂句，具有陳述性質；有時爲強調祭祀對象，神名置於祭祀動詞前，則構成賓語前置句。這兩類情況以往學者曾經有過討論，雖然與本文主要探討的偏正短語一樣都包含 "神名 + 祭祀動詞" 的結構，但用法有別，彼此容易混淆。作爲偏正結構的 "神名 + 祭祀動詞" 短語，其所在句子中存在其他謂語動詞，"神名 + 祭祀動詞" 短語在語法結構上一般用作主語或賓語，在語義上指稱一場具體的祭祀活動，與前述兩類情

況有明顯區別。下面我們先分別舉述構成賓語前置句和主謂陳述句的辭例，再分析說明偏正結構短語“神名＋祭祀動詞”的文例特徵。

（一）用“神名＋祭祀動詞”構成的賓語前置句

齊航福（2015：11－60）將甲骨文賓語前置句歸納爲五類，其中“惠字賓語前置句”“唯字賓語前置句”“否定句中名詞賓語前置句”“肯定句中名詞賓語前置句”四類中均有“神名＋祭祀動詞”構成賓語前置句的情況。對比偏正結構“神名＋祭祀動詞”，“神名＋祭祀動詞”構成賓語前置句時，神名前通常帶介詞“于”或焦點標記詞，凡是具有這兩個特徵的短語，一般不是偏正結構。例如：

　　（1）貞：于且（祖）乙钌（禦）王田？（《合集》① 1580，賓一）

　　（2）戊戌卜，殼貞：重成先酚/弓隹成先酚？（《合集》1351，典賓）

辭（1）神名前帶介詞“于”，辭（2）帶有焦點標記詞“重”或“隹”，兩個辭句中均無其他動詞搭配。辭（2）神名賓語作爲卜問焦點前置，可歸因於語用強調，卜辭貞問“要不要先酚祭成”。“神名＋祭祀動詞”構成的賓語前置句可視作語用動因誘發的句法活用現象。

（二）用“神名＋祭祀動詞”構成的主謂陳述句

沈培（1992：68－72）認爲由“神名＋祭祀動詞”構成的主謂陳述句有兩類情況：“第一類，‘神名＋祭祀動詞’單成一句；或爲一個獨立的單句，或爲一個小句。第二類，‘神名＋祭祀動詞’後又帶‘牲名’爲賓語。”“這種句子表達的意思是‘對神名進行某種祭祀’。”例如：

　　（3）丙戌貞：父丁其歲？（《屯南》1126，歷二）

　　（4）岳尞（燎）牢，卯牛一？（《合集》34209，歷二）

辭（3）“父丁”作主語，“其歲”構成句子謂語；辭（4）“岳”作主語，述賓結構“尞（燎）牢”作謂語，神名與祭祀動詞構成主謂句。結合沈培文引諸例，對比偏正短語，在“神名＋祭祀動詞”構成的主謂句中，祭祀動詞一般只用作謂語中心語，“神名＋祭祀動詞”屬於謂詞性短語，這一特徵是名詞性偏正短語不具備的。

沈培舉述的辭例多數精當，然而他總結的類型一與我們討論的偏正結構短語用法有別，卻偶有辭例混淆；類型二的部分情況則與偏正結構可能相關。請看以下辭例：

---

① 本文簡稱對應如下：《甲骨文合集》簡稱《合集》，《小屯南地甲骨》簡稱《屯南》，《殷墟甲骨輯佚》簡稱《輯佚》，《甲骨綴合彙編》簡稱《綴彙》，《懷特氏等所藏甲骨文集》簡稱《懷特》，《甲骨綴合集》簡稱《綴集》，《契合集》簡稱《契合》，《殷墟花園莊東地甲骨》簡稱《花東》，《俄羅斯國立愛米塔什博物館藏殷墟甲骨》簡稱《俄藏》，《英國所藏甲骨集》簡稱《英國》，《甲骨文摹本大系》簡稱《大系》。

（5）庚子卜，□貞：匕（妣）庚歲，王其窒（賓）？（《合集》23355，出二）

（6）貞：且（祖）辛歲皀？（《合集》22991，出二）

　　辭（5）出自沈文舉證類型一。此例是王賓卜辭的非常態化表達，句首"匕（妣）庚歲"是動詞"賓"之受事賓語前移，還原後仍作句子賓語。短語"匕（妣）庚歲"整體具有名詞性，指稱"匕（妣）庚的歲祭"。故此例"神名＋祭祀動詞"不同於主謂結構，應屬於本文討論的偏正結構。

　　辭（6）出自沈文舉證類型二。從卜辭實際情況看，若將此例"神名＋祭祀動詞"視爲主謂結構，似有不妥。首先，本例祭祀動詞"歲"後接祭品"皀"，意爲"歲祭使用皀酒"。然而"辛歲皀"的"歲"，其語義内涵似不包括"［皀酒］使用"義。"歲""皀"間存在"使用義"潛在動詞充當引介成分。[①] 有時潛在動詞顯現於句中，如《合集》15855"庚戌卜，貞：翌辛亥用皀尊歲"，《花東》196"弜又（侑）皀用"。其次，辭（6）潛在動詞擬還原後，充當本句的謂語動詞，"［用］皀"語義指向"祖辛歲"。此時作主語的"祖辛歲"已具有指稱性，代表一場具體的祭祀活動，而非舉行祭祀的行爲，卜辭貞問"祖辛的歲祭是否使用皀酒"。有鑒於此，本例"神名＋祭祀動詞"無法排除視作偏正結構的可能性。相似情況不限於"神名＋祭祀動詞"後帶祭品皀酒，容我們在後文探討。

（三）偏正結構"神名＋祭祀動詞"的語法、語義特徵

　　對比考察相關卜辭，"神名＋祭祀動詞"構成偏正短語時，與主謂短語和賓語前置情況有明顯區別。辨別偏正結構"神名＋祭祀動詞"短語，我們可從語法和語義兩方面找出判斷依據。

　　從語法角度看，偏正結構"神名＋祭祀動詞"於句中作主語或賓語，謂語動詞由其他動詞充當。如《合集》22794"［庚］□卜，行［貞］：王窒（賓）大庚裸，亡　"，謂語動詞是"賓"，"大庚裸"作受事賓語。[②] 又如《合集》32695"丙午貞：父丁歲不菁雨"的謂語動詞是"菁"，"父丁歲"作主語。而"神名＋祭祀動詞"構成的賓語前置句和主謂陳述句，祭祀動詞充當句子的謂語，無其他動詞與之搭配。此外，偏正結構"神名＋祭祀動詞"結構内部相對緊密，一般不插入其他詞語，而在主謂結構或賓語前置情況下，"神名"與"祭祀動詞"間常見其他詞語，如上舉辭（3）"父丁其歲"。

　　從語義上看，作主語、賓語的偏正結構"神名＋祭祀動詞"名物化後，具有了指稱意義，意指一場對神靈的祭祀。如《屯南》4517"甲子卜：酚大戊卩（禦）"中作賓語的"大戊卩（禦）"指稱"對大戊的禦祭"。此結構的語義内涵與主謂句和賓語前置句具備的陳述意義有所區別。從語義焦點的分佈情況看，偏正結構"神名＋祭祀動詞"通常作爲整

---

　　① "潛在動詞"定義參周國正（1983）。

　　② 張玉金（2002：95－101）指出，賓字句中的"神名"是"祭祀動詞"的修飾成分，"神名＋祭祀動詞"是動詞"賓"的爲動賓語。我們同意張玉金對"神名＋祭祀動詞"的解讀，但是對於偏正短語"神名＋祭祀動詞"與動詞"賓"之間的語義關係，似有不同看法。

體出現，反觀另外兩類句法結構，賓語前置句之神名往往充當句子焦點，主謂句之神名一般不作焦點。

卜辭中的偏正結構"神名＋祭祀動詞"爲數較多，其所在句法環境與結構內部的形成機制需要進一步分析與探索。

二、偏正結構"神名＋祭祀動詞"的分佈情況

"神名＋祭祀動詞"作句子主語或賓語時，伴隨語義上的名物化，具有了名詞性。我們參酌"陳年福甲骨文原文與釋文資料庫"，排除重片、殘損辭例和歧義辭例①後，統計出屬於"神名＋祭祀動詞"的偏正結構計約959例。經過爬梳整理，可以考知"燎""侑""登""登""祭""鴝""啓""肜""翌""辟""禳""歲""裸""叙""叙""祐""禦""奉""酬""卜""歆""奏"22個祭祀動詞出現這種偏正短語的語言用法。其實際文例在組類、句型等方面呈現不平衡的分佈狀態。爲了討論的方便，下文特用字母表示句法成分："S"代表主語、"O"代表賓語、"V"代表動詞、"N"代表名詞、"AV"代表副詞，試對偏正結構"神名＋祭祀動詞"作主語和賓語的分佈情況進行綜合分析。

（一）"神名＋祭祀動詞"作主語的分佈情況

1. 述賓謂語句

"神名＋祭祀動詞"作主語的第一類句型是述賓謂語句，句法結構表現爲"S$_{神名+祭祀動詞}$＋V＋O"。此類型在殷墟卜辭中可查27例，所佔比重約爲2.82%，見於出組卜辭、何組卜辭、歷組卜辭、無名組卜辭。"燎""鴝""歲""祐""卜""歆"6個祭祀動詞與神名組成的偏正短語見於本句型。如：

(7) 岳尞（燎）不冓雨？（《合集》34213，歷二）

(8) 癸亥貞：上甲歲不冓雨？（《合集》32142，歷二）

(9) 乙亥卜，何貞：窜（賓）唐鴝不冓雨？（《合集》27152，事何）

(10) 丙午貞：父丁歲不冓雨？（《合集》32695，歷二）

(11) 甲辰貞：且（祖）歲不冓雨？（《合集》34152，歷草）

(12) 甲寅貞：伊歲遘大丁日？（《屯南》1110，歷二）

(13) ☐辛未匕（妣）辛歲窜（賓）攸？（《輯佚》546，無名組）

(14) 丙子卜，旅貞：翌丁丑父丁舌（祐）其又（侑）伐？（《合集》22611，出二）

(15) 丙申卜，旅貞：父丁歲［其］又（侑）伐？（《合集》22612，出二）

---

① 關於"神名＋祭祀動詞"結構的歧義情況，我們在拙文第三部分探討。

　　此類之 "神名＋祭祀動詞" 結構作主語，由其他動詞和相關論元角色①構成的述賓短語充當句子謂語。"神名＋祭祀動詞" 所在的句法位置要求其指稱一場具體的祭祀。如辭 (7)~(12) 代表的 "冓（遘）" 字句中，主要動詞 "冓（遘）" 表逢、遇義（張玉金，2002：106–107），其詞義結構可表示爲（人或事件）［主體論元］行遇（事物或事件）［客體論元］。辭（8）充當句子主語的 "上甲歲"，在語義層面充當動詞 "冓" 之主體論元，指稱 "對上甲的歲祭"，卜辭可理解爲 "對上甲的歲祭不會遇雨吧"。辭（9）中心詞 "冓" 的主體論元由謂詞性成分 "窞（賓）唐餗" 充當，作句子主語，此降級論元結構中的 "唐餗" 同樣具有指稱意義。另外，"神名＋祭祀動詞" 在 "冓（遘）" 字句中作主語時，各家釋文斷句有所區別，如辭（12）小屯南地甲骨整理者讀作 "伊歲，遘大丁日"，《甲骨文摹本大系》（2022）釋曰 "伊歲遘大丁日"。從句法和語義層面分析，辭（12）"伊歲" 作爲 "遘" 的主體論元，代表一場祭祀活動。類比其他 "冓（遘）" 字句，作主語的主體論元一般與後續成分連讀②，因此，辭（12）"伊歲" 與 "遘大丁日" 連讀更具理據性。

　　2. 動詞謂語句

　　第二類句型是動詞謂語句，句法結構表現爲 "S$_{神名＋祭祀動詞}$＋AV＋V"。此類型於殷墟卜辭中可查 29 次，所佔比重約爲 3.02%，亦見於出組卜辭、何組卜辭、歷組卜辭、無名組卜辭。"燎""祭""歲""登" 4 個祭祀動詞與神名組成的偏正短語見於本句型。如：

　　　　(16) 岳尞（燎）複彤？（《屯南》4397，歷二）

　　　　(17) 丁巳卜，行貞：小丁歲眔大甲歲彤？（《綴彙》452，出二）

　　　　(18) 癸丑卜，行貞：翌甲寅毓且（祖）乙歲朝彤？（《綴彙》418，出二）

　　　　(19) □［亥］卜：父甲□歲，即且（祖）丁歲祠？／弜即且（祖）丁歲祠？

（《屯南》2294，無名組）

　　　　(20) 庚寅卜，行貞：兄庚歲先日？（《合集》23487，出二）

　　　　(21) □□卜，飮貞：父丁歲其先祭？（《合集》23229，出二）

　　　　(22) 辛丑卜，大貞：中子歲其征彤？（《合集》23545，出二）

　　　　(23) 甲申卜，飮貞：匕（妣）歲其益？（《合集》25162，出二）

　　　　(24) 辛未卜：中己歲其戠日［又（侑）］？（《懷特》1371，歷無）

　　　　(25) 甲申卜，何貞：翌乙酉小乙烝其眔？（《合集》27221，何一）

　　　　(26) 辛亥卜，喜貞：母辛歲其叙？（《合集》23422，出二）

---

　　① 有關動詞的論元的劃分，請參看馬清華：《語義的多維研究》，北京：語文出版社 2006 年版，第 239–252 頁；馬清華：《句子的語義結構》，《南京師大學報》（社會科學版）1993 年第 4 期，第 99–108 頁。

　　② 在具體的卜辭語境中，"冓（遘）" 的主體論元成分有時隱含在語境中，如《合集》28556 有 "今日辛王其田，不冓大風" 一語，我們將 "冓" 字所在小句的主語補足後，則爲 "今日辛王其田，（王其田）不冓大風"。

　　此類"神名＋祭祀動詞"在句中仍充當主語，句子謂語通常是受副詞修飾的單個動詞。有時動詞可直接作謂語，辭（17）"大甲"舊釋作"失"，今從方稚松（2007：41）釋爲"大甲"，該辭主語是由"眔"連接偏正結構"小丁歲"和"大甲歲"而構成的聯合短語，卜辭貞問"小丁的歲祭與大甲的歲祭一起舉行酒祭嗎"。辭（21）～（26）中的"其"字，今從張玉金、喬盼峰（2023：1–18）將此類作狀語的"其"字視作副詞，如辭（21）"父丁歲"作主語，屬偏正式名詞短語，狀中短語"其先祭"作謂語，卜辭占問"父丁的歲祭應該放在祭禮之前嗎"①。

（二）"神名＋祭祀動詞"作賓語的分佈情況

1. 述賓謂語句

　　"神名＋祭祀動詞"作賓語的第一類句型爲述賓謂語句，此類型可查818次，所佔比重約爲85.30%，見於賓組卜辭、出組卜辭、何組卜辭、歷組卜辭、無名組卜辭、黃組卜辭，其中黃組卜辭、出組卜辭出現的頻率較高。"燎""登""祭""餗""啓""肜""翌""廌""濩""歲""裸""敓""叔""奉""酒""卜""戠""奏"18個祭祀動詞與神名組成的偏正短語見於本句型。王賓卜辭中此句型最爲常見，也是偏正結構"神名＋祭祀動詞"總體分佈中的頻率最高者。如：

　　　　（27）己未卜，行貞：王窜（賓）兄己翌，亡尤？（《綴彙》212，出二）

　　　　（28）［庚］□卜，行［貞］：王窜（賓）大庚裸，亡吅？（《合集》22794，出二）

　　　　（29）壬申卜，尹貞：王窜（賓）兄己奏眔兄庚奏叔，亡尤？（《合集》22624，出二）

　　　　（30）戊寅卜，旅貞：王窜（賓）大戊戠，亡吅？（《綴集》89，出二）

　　　　（31）［丁亥］卜，貞：王窜（賓）康且（祖）丁祭，亡尤？（《合集》35889，黃組）

　　　　（32）丁巳卜，貞：王窜（賓）大丁廌，亡尤？（《合集》35518，黃組）

　　　　（33）乙酉卜，貞：王窜（賓）武丁彡（肜），亡尤？（《合集》41731，黃組）

　　　　（34）甲午卜，貞：王窜（賓）且（祖）甲啓，亡尤？（《合集》35876，黃組）

　　　　（35）己酉卜，［貞］：王窜（賓）雍己餗，亡尤？（《合集》35616，黃組）

　　　　（36）乙亥卜，貞：王窜（賓）大乙濩，亡尤？（《合集》35499，黃組）

　　　　（37）父己、父戊歲，王窜（賓）？（《合集》27420，無名組）

　　　　（38）壬午卜，旅貞：季歲，王其窜（賓）？（《合集》24972，出二）

---

　　① 張玉金（2001：156）已關注此例之"父丁歲"屬修飾關係，然而釋作動詞短語，似與本文觀點不同。

（39）甲申卜，喜貞：翌乙酉唐歲，黄尹其窀（賓）？（《契合》326，出二）

（40）乙亥卜：王先収卜（外）丙歲，延申？（《綴彙》116，無名組）

　　辭（37）、（38）賓語"神名＋祭祀動詞"位移至動詞前，屬話語層面的成分移動。從空範疇的理論角度看，這一語言現象出現在深層語義結構向表層語法結構轉化的過程中。"神名＋祭祀動詞"作爲"窀（賓）"的受事論元位移後，造成動詞"窀（賓）"後的空範疇，如辭（38）在賓語"季歲"位移後，在原位置遺留語跡"季歲$_j$，王其窀（賓）t$_j$"①，恢復原位置後仍作賓語，指稱"對季的歲祭"。

　　其他神名作主語構成的某"窀（賓）"卜辭，也存在"神名＋祭祀動詞"作賓語的情況。辭（39）賓語"唐歲"雖然位移至前一句，但主語仍是神名"黄尹"。"窀（賓）"字作謂語中心語，今從胡厚宣（1959：110）訓爲"配享"義，卜辭可理解爲"黄尹是否配享唐的歲祭"。

　　複句中，偏正結構"神名＋祭祀動詞"可以充當小句賓語。如辭（40）第一小句的謂語由動賓短語"収卜（外）丙歲"構成，偏正短語"卜（外）丙歲"充當句子賓語，卜辭貞問"王先爲外丙的歲祭舉行収祭，然後再'申'好不好"②。

　　2. 動詞性非主謂句

　　"神名＋祭祀動詞"作賓語的第二類句型是動詞性非主謂句，句法結構表現爲"V＋O$_{神名＋祭祀動詞}$"。此類型可查85次，佔比約爲8.86%，"燎""侑""鬶""餌""肜""翌""歲""祼""祰""禦""葬""酌""卜""哉"14個祭祀動詞與神名組成的偏正短語見於本句型，於五組卜辭中均有出現，亦見於花東非王卜辭。如：

（41）甲子卜：酌大戊？／甲子卜：酌卜（外）丙邘？（《屯南》4517，白小）

（42）又（侑）匕（妣）辛祼？（《合集》31678，歷無）

（43）庚寅貞：又（侑）多匕（妣）卜？（《合集》32748，歷二）

（44）丙申卜，飮貞：翌丁酉叀中丁歲先？（《合集》22860，出二）

（45）□□卜，狄｜貞｜：酌上甲又（侑）歲，土受乂（祐）？（《合集》27054，何二）

（46）其又（侑）匕（妣）丙眔大乙酌，王受又（祐）？（《合集》27501，何二）

（47）甲辰卜：又（侑）且（祖）乙歲？（《屯南》1015，歷二）

（48）［乙］亥王卜，［貞］：自今楚（春）至□翌，尸（夷）方不大出？王
飢（占）曰：引吉。才二月，遘祖乙多（肜），隹九祀。（《合集》37852，黄組）

---

　　①　文中以 t 代稱"語跡"（trace），即句法成分位移後留下的隱性空位；下標 j 用於標記句法成分之間的指代關係。
　　②　商代文字中，動詞"申"僅見於此，蓋表"陳列"義。《上博九·陳公治兵》18、19，"申"讀作"陳"。《上博一·緇衣》20，"迪"表示"陳"。《清華八·天下》6，"戟"表示"陳"。《說文》"陳列"義作"敶"，段注"亦本軍敶字"。

（49）辛丑王卜，貞：□ 毓妁？王𢁇（占）曰：大吉。［才］九月，遘祖辛
𤔲。（《合集》38243，黃組）

（50）乙巳：歲妣庚豕一，舌（祒）祖乙翌（翌）？（《花東》274，花東）

（51）甲戌卜：莫妉且（祖）乙歲？（《花東》314，花東）

辭（49）"𤔲"字今從陳劍（2008：13－47）釋作祭祀動詞，"祖辛𤔲"作爲"遘"
的客體論元，指稱"對祖辛的𤔲祭"。辭（44）"先"爲表示兩事時間關係的動詞，意爲
"把某事放在先"，賓語"中丁歲"雖因語用強調而前置，但指稱意義不變，卜辭貞問"是
否先舉行中丁的歲祭"。卜辭中"祖先名＋歲"習見，有時見於另一祭祀動詞後，林宏明
（2014：159）指出此類相連的祭祀動詞很可能是動賓結構，如《合集》32982"侑婦夸
歲"，與張玉金（2002：98－100）所論爲動賓用法同。相似的表達方式不限於"祖先名＋
歲"，可歸納於"神名＋祭祀動詞"作賓語的情況。動賓關係的"$V_{祭祀動詞1}＋O_{神名＋祭祀動詞2}$"
在語義上蓋屬助成關係。

就偏正短語"神名＋祭祀動詞"的總體分佈情況看，在組類分佈上，此結構於王卜辭
與非王卜辭中均見，其中出組、黃組出現頻率最高，歷組、何組、無名組次之，自組、賓
組出現頻率最低。在句法分佈上，偏正短語"神名＋祭祀動詞"作主語、賓語共見於三類
句型，即述賓謂語句、動詞謂語句、動詞性非主謂句。在述賓謂語句型中，此結構作主語、
賓語的情況存在組類差異，歷組、出組卜辭常見作主語，黃組卜辭則多作賓語。從時間範
圍看，偏正結構"神名＋祭祀動詞"作賓語構成的動詞性非主謂句於五組卜辭中均可見，時
間跨度最長。從頻次看，由偏正短語"神名＋祭祀動詞"作賓語的述賓謂語句出現頻率最高。

如上分析，在述賓謂語句、動詞謂語句、動詞性非主謂句三類句型中，"神名＋祭祀動
詞"結構充當句子的主語或賓語成分，語義場要求其表示指稱的作用。"神名＋祭祀動詞"
短語構成無標記的名詞性偏正結構，其所指稱的蓋是"爲神祇舉行的某一場祭祀"。

三、"神名＋祭祀動詞" 的歧義情況

除了文中討論的三類句型外，還有一些句法結構中的"神名＋祭祀動詞"是否屬於偏
正結構，我們尚無法確定。

1. $N_{神名}＋V_{祭祀動詞}＋叀＋N_{牲名}$

前文談到，沈培總結"神名＋祭祀動詞"構成主謂句的第二類情況爲"神名＋祭祀動
詞＋牲名"。然而，卜辭常見的"神名＋祭祀動詞＋叀＋牲名"結構卻未見談於此。翻閱
相關研究材料，此結構卜辭之斷讀意見分爲兩類："叀"前點斷者，多見於"叀"字性質
探討的論文、專著（參看張玉金，1988；朱彥民，2003）；徑讀作一句者，見於《甲骨文合
集釋文》（1999）、《甲骨文校釋總集》（2006）、《甲骨文摹本大系》（2022）等標點斷讀的
相關釋文。在各家釋讀中，均鮮見對"叀"前"神名＋祭祀動詞"結構性質的討論。請看
下面辭例：

（52）戊子卜：父戊歲叀牛？（《合集》27485，無名組）

（53）戊戌卜，旅貞：且（祖）戊歲叀羊？（《合集》22852，出二）

（54）貞：父戊歲叀宰？（《合集》23300，出二）

討論此類“神名＋祭祀動詞”的性質之前，我們首先需明晰句中同見成分“叀＋牲名”的性質。周國正（1983：239）曾提出帶“牲名”卜辭語境中存在潛在動詞“用”，張玉金（1988：4–9）、沈培（1992：35）等亦有論及。從卜辭實際情況看，此說可從。“神名＋祭祀動詞＋叀＋牲名”結構中，潛在動詞有時顯見於句中，如《合集》22985“辛丑卜，旅貞：且（祖）辛歲叀勿牝用”。因卜辭中謂語省略句十分常見，故將此結構也視作省略了動詞“用”是不違和的。基於此，下文以兩類點斷意見爲切入點，分析此結構中“神名＋祭祀動詞”的結構性質。

從句法角度看，若“叀”前點斷，前一小句“神名＋祭祀動詞”是主謂句，另一小句“叀＋牲名”視作省去動詞“用”的謂語中心語省略句，整條卜辭卜問“爲某位神祖舉行祭祀，是否使用某種祭牲”，在句法上是合理的。分析結構語義，“神名＋祭祀動詞”實際上充當“叀＋牲名＋［用］”的施事成分，占卜焦點爲“神名＋祭祀動詞”代表祭祀的用牲情況。

若“叀”前不點斷，偏正結構“神名＋祭祀動詞”可以充當句子主語，指稱一場具體的祭祀活動，“叀＋牲名＋［用］”與施事成分連讀，將整句視作謂語中心語省略句也講得通。

就句法和語義的合理性而言，目前恐怕無法排除偏正結構“神名＋祭祀動詞”作主語的可能性。但是基於張玉金（2002：187）總結的“‘叀’前一般不出現主語”對於大多數卜辭仍具有普遍性，因此，此結構仍有進一步商榷的空間，本文暫不將其納入偏正結構“神名＋祭祀動詞”句法結構的範圍。

2. 謂語動詞是多義詞

王卜辭中，“神名＋祭祀動詞”所在句法結構的謂語動詞有時是多義詞，因爲缺少上下文語境，今人視之存在歧義情況。如《俄藏》21有辭曰：

（55）丙子卜，𣈱貞：大示羍其同？

辭（55）“同”爲多義詞，一讀作“興”（王子楊，2013：6–30），主體論元爲人，此時當在“其”字前點斷，“大示羍”視作主謂結構，“其同”視作主語省略句，句子卜問“爲大示舉行羍祭，［某人］會好轉嗎”。二作祭祀動詞，與“大示”爲助成關係，偏正結構“大示羍”作主語，卜辭貞問“爲大示舉行的羍祭是否舉行同祭”。

3. 連動結構

卜辭中多個祭祀動詞連用時，動詞間語義關係不同，會對句法結構造成影響。“神名＋祭祀動詞”見於連動結構時，有兩類結構存在歧義。

第一類句法歧義結構表現爲"$N_{神名}$＋$V_{祭祀動詞1}$＋$V_{祭祀動詞2}$＋$V_{祭祀動詞3}$"。請看下面辭例：

（56）辛酉卜：父甲舌（祔）又（侑）夕歲，王受［又（祐）］？（《合集》27452，無名組）

（57）□巳卜：且（祖）丁舌（祔）又（侑）夕歲，王受又（祐）？（《合集》27280，無名組）

（58）☑劦日父甲又（侑）夕歲，王受又（祐）？（《合集》27448，無名組）

句子同現多個祭祀動詞時，句法上的歧義可以借助語境或其他句子成分消除。"並""先""于"等兩事時間關係詞，可表示句中多個動詞間的關係語義內涵（張玉金，2002：116）。句中若同時缺少兩事時間關係詞與相關語境，則"神名＋祭祀動詞"結構存在因語義關係不同造成的句法歧義現象。如辭（56）"父甲"後跟隨的"舌（祔）""又（侑）""夕歲"等多個祭祀動詞間存在並列、助成、先後等多種語義關係的可能性。因爲卜辭和上下文語境缺少詞間關係信息提示，所以句子結構關係存在不同的解釋方案，如：第一，"舌（祔）""又（侑）""夕歲"爲並列關係，均屬"爲父甲舉行的祭祀"，"父甲"與連謂結構"舌（祔）又（侑）夕歲"屬主謂關係。第二，"舌（祔）""又（侑）""夕歲"屬助成關係，"父甲舌（祔）"代表一場具體的祭祀，視作"又（侑）""夕歲"之祭祀目的，體現在句法層面，偏正結構"父甲舌（祔）"作主語，"又（侑）夕歲"作謂語，可類比辭（14）"翌丁丑父丁舌（祔）其又（侑）伐"。

第二類句法歧義結構表現爲"$N_{神名}$＋$V_{祭祀動詞1}$＋$V_{祭祀動詞2}$＋$N_{祭品}$"。如：

（59）☑父己歲又（侑）毁，王受又（祐）？（《合集》27402，無名組）

（60）且（祖）丁祼又（侑）毁？（《英國》2408，無名組）

神名後帶兩個祭祀動詞並附帶祭品賓語時，兩個祭祀動詞間具有助成、並列兩種語義關係的可能性，"神名＋祭祀動詞"存在主謂結構、偏正結構兩種句法歧義情況。以辭（59）爲例，句子結構同樣有兩種解釋方案：第一，神名"父己"作主語，並列關係的"歲"與"又（侑）毁"作謂語，此時"父己"與連謂短語"歲又（侑）毁"構成主謂結構，相似情況有《花東》320"庚卜：在龐，歲妣庚三牝，又（侑）毁二，至卯，曹百牛又五"。第二，因爲卜辭中"又（侑）""歲"共現時，存在助成的語義關係，如上舉辭（47）"又（侑）且（祖）乙歲"，故而辭（59）代表的句法歧義結構同樣存在偏正結構"父己歲"作主語的可能性，此時"又（侑）毁"作謂語，"父己歲"指稱"對父己的歲祭"。

四、小結

對比"神名＋祭祀動詞"作賓語前置句和主謂陳述句的情況，偏正短語"神名＋祭祀動詞"有兩個典型特徵：句中主要動詞由其他詞語充當；結構整體具有指稱意義。經過語言層面的綜合考察，偏正結構"神名＋祭祀動詞"於各類卜辭中均有出現，分別在述賓謂語句、動詞謂語句、動詞性非主謂句三類句型中作主語或賓語。偏正結構"神名＋祭祀動詞"的形成，一方面受到句法環境支持，作主語、賓語時具有名詞性；另一方面，基本論元"神名"前置於"祭祀動詞"發揮限定作用，使得結構語義具體化，同時具有指稱功能。"神名＋祭祀動詞"構成無標記的名詞性偏正結構，指稱一場具體的祭祀活動。考慮到部分句法結構中的"神名＋祭祀動詞"存在歧義情況，我們在分析歸納材料時當謹慎對待。

　　附記：拙文寫作過程中蒙趙偉、門藝老師審閱指正，謹致謝忱！

參考文獻

［1］曹錦炎、沈建華編著：《甲骨文校釋總集》，上海：上海辭書出版社 2006 年版。

［2］陳夢家：《殷虛卜辭綜述》，北京：中華書局 1956 年版。

［3］陳劍：《甲骨金文舊釋"𤖺"之字及相關諸字新釋》，復旦大學出土文獻與古文字研究中心編：《出土文獻與古文字研究》（第二輯），上海：復旦大學出版社 2008 年版。

［4］蔡哲茂編：《甲骨綴合彙編：釋文與考釋》，新北：花木蘭文化出版社 2013 年版。

［5］方稚松：《讀殷墟甲骨文札記二則》，《漢字文化》2007 年第 2 期。

［6］管燮初：《殷虛甲骨刻辭的語法研究》，北京：中國科學院 1953 年版。

［7］胡厚宣：《殷卜辭中的上帝和王帝》（卜），《歷史研究》1959 年第 10 期。

［8］胡厚宣主編：《甲骨文合集釋文》，北京：中國社會科學出版社 1999 年版。

［9］黃天樹主編：《甲骨文摹本大系》，北京：北京大學出版社 2022 年版。

［10］賈燕子：《甲骨文祭祀動詞句型研究》，西南大學碩士學位論文，2003 年。

［11］林宏明：《卜辭黃尹即伊尹補證》，政治大學中國文學系編：《出土文獻研究視野與方法》（第四輯），臺北：政治大學出版社 2014 年版。

［12］馬清華：《語義的多維研究》，北京：語文出版社 2006 年版。

［13］馬清華：《句子的語義結構》，《南京師大學報》（社會科學版）1993 年第 4 期。

［14］齊航福：《殷墟甲骨文賓語語序研究》，上海：中西書局 2015 年版。

［15］沈培：《殷墟甲骨卜辭語序研究》，北京：文津出版社 1992 年版。

［16］時兵：《古漢語雙賓結構研究：殷商至西漢年代相關地下語料的描寫》，安徽大學博士學位論文，2002 年。

［17］王子楊：《甲骨文舊釋"凡"之字絕大多數當釋爲"同"：兼談"凡""同"之別》，復旦大學出土文獻與古文字研究中心編：《出土文獻與古文字研究》（第五輯），上海：上海古籍出版社 2013 年版。

［18］中國社會科學院考古研究所編：《小屯南地甲骨》，北京：中華書局 1983 年版。

［19］周國正：《卜辭兩種祭祀動詞的語法特徵及有關句子的語法分析》，常宗豪主編：《古文字學論集》（初編），香港：香港中文大學出版社 1983 年版。

［20］張玉金：《甲骨卜辭中"惠"和"唯"的研究》，《古漢語研究》1988 年第 1 期。

［21］張玉金：《甲骨文語法學》，上海：學林出版社 2001 年版。

［22］張玉金：《甲骨卜辭語法研究》，廣州：廣東高等教育出版社 2002 年版。

［23］張玉金、喬盼峰：《殷墟甲骨文“其”爲代詞説商榷》，《語言研究》2023 年第 1 期。

［24］朱彦民：《甲骨卜辭中“叀”與“佳”用法之異同》，《殷都學刊》2003 年第 4 期。

［25］鄭繼娥：《殷墟甲骨卜辭祭祀動詞的語法結構及其語義結構》，四川大學博士學位論文，2004 年。

［26］張斌：《指稱和陳述》，《現代中國語研究》（日本）2011 年第 13 期。

［27］趙偉：《釋殷墟卜辭中的偏正結構“某卩（禦)”》，張玉金主編：《出土文獻語言研究》（第四輯)，廣州：暨南大學出版社 2022 年版。

An Analysis of the Modifier-head Phrase "Deity's Name + Sacrificial Verbs" in the Oracle Bone Inscriptions of the Yin Ruins

Liu Xinyu　Wang Yunzhi

Abstract：In the oracle bone inscriptions of the Yin ruins, the modifier-head phrase "deity's name + sacrificial verbs" acts as subject or object. However, this linguistic phenomenon has not attracted widespread attention, and there exist numerous interpretative differences regarding the relevant words. By employing a combination of word investigation and the analysis of valency, this paper argues that the phrase of "deity's name + sacrificial verbs", either serving as the subject or the object, should be considered an unmarked modifier-head structure. To distinguish the modifier-head phrase "deity's name + sacrificial verbs", we can identify the basis for our judgment from two aspects：grammar and semantics. This modifier-head phrase has the feature of nominalization in terms of semantics in a sentence, and its predicate in the sentence is mainly played by other verbs. As a linguistic habit in the Shang dynasty, it appears in all of oracle bone inscriptions, with the highest frequency in the anonymous group and the Huang group. This syntactic structure is distributed across three types of sentence patterns：predicate-object sentences, verb-predicate sentences, and non-subject-predicate verb sentences.

Key words：oracle bone inscriptions, modifier-head structure, deity's name, sacrificial verbs

（河南大學黄河文明與可持續發展研究中心）

美國大都會藝術博物館所藏甲骨整理研究

付振起

提　要　隨著美國大都會藝術博物館官網開放館內所藏甲骨材料①圖版及有關資訊，筆者對照《北美所見甲骨選粹考釋》《美國所藏甲骨錄》等已有著錄，對該館內甲骨情況按照圖版、拓本、摹本"三位一體"的模式予以重新整理並糾正國內著錄材料存在的一些引用問題。

關鍵詞　甲骨　大都會藝術博物館　美藏

一、前言

殷墟甲骨自從 1899 年被學術界發現以來，至今已有一百二十多年的歷史。甲骨文字作爲中國目前最早具備語言系統且文字記載較爲完整的實物材料，從被釋讀開始，便注定了它在中國早期文明史上佔有重要的地位。時至今日，因甲骨研究發展爲甲骨學，有關研究更是囊括了商代的歷史、文字、風俗、生産、生活、氣候等各領域。

甲骨的價值愈顯重要，導致清季民國時期，殷墟私挖盜掘恣肆無忌。甲骨折損、私藏、販賣，不知凡幾。當前甲骨散佚海外數以萬計，以日本、加拿大、英國、美國等國爲多。據孫亞冰女士在《百年來甲骨文材料統計》一文中的統計，國外藏品約 21 758 片。②

隨著各國藝術博物館逐步在網絡上發佈藏品資訊，筆者通過美國大都會藝術博物館官網③，對其所藏的三批捐贈甲骨以及一批骨雕展開整理與研究。據筆者的整理觀察，大都會藝術博物館所藏甲骨中 12 片爲真，2 片疑爲習刻，1 片無字，其他 8 片全部爲僞刻。本文除博物館所藏的 23 片甲骨外，另補充了該館現藏的 5 件骨雕作品。具體內容將在下文中一一展現。

二、已有研究介紹

據筆者的整理，大都會藝術博物館所藏甲骨中最早入藏的一批是 1918 年來自羅杰斯基金（Rogers Fund）的捐贈。但是有關這批甲骨的來龍去脉，查閱美國所藏甲骨的有關著錄

---

① 美國大都會藝術博物館官網開放館內所藏甲骨材料由博物館標識爲開放獲取的資料，可免費將這些資料用於任何目的，無須徵得博物館的許可。筆者根據這一條款，對圖影進行技術處理後，將其用於有關學術研究。詳見博物館官網使用條款，https://www.metmuseum.org/information/terms-and-conditions。

② 孫亞冰：《百年來甲骨文材料統計》，《故宮博物院院刊》2006 年第 1 期，第 44 頁。

③ 美國大都會藝術博物館官網，https://www.metmuseum.org/。

情況，其在方法斂摹、白瑞華校的《庫方二氏藏甲骨卜辭》①，李棪②的《北美所見甲骨選粹考釋》③ 等材料中並未見到。

目前可知著錄該批甲骨内容的，僅有 1976 年周鴻翔編著的《美國所藏甲骨錄》（以下簡稱 "美藏" 或 "USS/USB"）一書。

在索引的第一部分（INDEX Ⅰ），周鴻翔將大都會藝術博物館所藏甲骨（以下簡稱 "館藏" 或 "MMA"）拓本按館藏編號重新編號對應，如表 1 所示：

表 1　"館藏" 與 "美藏" 編號對應表

館藏（MMA）編號	美藏（USS/USB）編號
18. 56. 71	USS 546
18. 56. 73	USS 547
18. 56. 74	USS 548
18. 56. 75	USS 549
18. 56. 76	USS 550
18. 56. 77	USS 551
18. 56. 78	USS 552
18. 56. 79	USS 553
18. 56. 80	USS 554
23. 22. 6	USB 555
23. 22. 7	USB 556

從 11 片拓本内容來看，"美藏" 在編著過程中有所選擇，直接剔除了偽片和存疑的有關部分，公佈的主要是大都會藝術博物館所藏甲骨的菁華部分。此處 "23. 22"④ 編號與當前大都會藝術博物館編號 "23. 23"（詳見第三部分巴爾捐贈甲骨材料館藏編號）有異，或爲 "美藏" 錄入有誤造成。

總計 12 片的材料中，"美藏" 一書僅僅失收了編號爲 23. 23. 9 的骨片。由於該片僅刻有 "二告" 等兆辭内容，筆者懷疑 "失收" 有兩種可能：一是編著者認爲該片價值不高，沒有予以錄入；二是編著者當時並未看到該骨片。

三、現藏情況說明

筆者在重新整理館藏甲骨時，根據博物館網站發佈的有關資訊，發現該館内入藏的甲骨加

---

① 方法斂摹，白瑞華校：《庫方二氏藏甲骨卜辭》，上海：商務印書館 1935 年版。
② 本文中爲行文需要，不另在著書學者之後加稱謂 "先生"。
③ 李棪：《北美所見甲骨選粹考釋》，《中國文化研究所學報》1970 年第 2 期。
④ 周鴻翔編著：《美國所藏甲骨錄》，洛杉磯：加利福尼亞大學出版社 1976 年版，第 37 頁。

上骨雕部分，總計有來自四個方面的捐贈。爲捋清有關甲骨入藏資訊[1]，製表如下（見表2）：

表2　"館藏"入藏情況表

	捐贈方	甲骨（或骨雕）數量	館藏編號	入藏時間
1	Rogers Fund	10（含骨雕1）	18. 56	1918
2	A. W. Bahr	11	23. 23	1923
3	Paul E. Manheim	3	67. 43	1967
4	Ernest Erickson Foundation	4（骨雕）	1985. 214	1985

其中來自組織捐贈的有兩方，即羅杰斯基金和歐内斯特·埃里克森基金會（Ernest Erickson Foundation）。個人捐贈爲德國的巴爾（A. W. Bahr）和美國的曼海姆（Paul E. Manheim）夫婦。

筆者查閱有關組織和人物的資料，僅見巴爾生平情況如下：巴爾，德國人，1877年生於上海。1898年，他與友人在上海創辦中央貿易公司，從事煤與一般進出口貿易。他喜好中國藝術，對中國的古玉、陶瓷及古畫多有收藏，並多次組織各種藝術展覽。1910年後離開中國，定居英國倫敦。1915年在美國從事藝術生意。1946年後舉家由英國移居加拿大。1959年，巴爾在去世前，將自己畢生收藏分别捐給了美國大都會藝術博物館及加拿大蒙特利爾藝術博物館。[2]

在不包含骨雕等商代藏品的情況下，大都會藝術博物館所藏中國殷墟甲骨目前爲23片。在18.56、23.23、67.43這三批捐贈的甲骨材料中，羅杰斯基金捐贈的9片甲骨都是真品。巴爾捐贈的11片甲骨中，有3片爲真品，2片疑爲習刻真品，1片無字，5片爲僞刻。曼海姆夫婦捐贈的3片甲骨皆爲僞刻。

值得注意的是，大都會藝術博物館在官網有關甲骨介紹上，除將18.56.74認定爲龜甲外，其他如18.56.71、18.56.75等歸爲骨類，這是有瑕疵的。筆者將在後文就甲骨材質屬性進行歸整。

四、圖版釋文部分

筆者在整理過程中，爲客觀反映甲骨真實原貌，利用製圖軟件，有針對性、創新性地完成了以下幾個方面的工作：第一，筆者對該批甲骨進行技術整理，附帶甲骨放大圖版；第二，甲骨圖版中，除彩圖之外，還包括筆者仿製的拓本，且對應"美藏"拓本進行比較說明；第三，部分甲骨附帶筆者製作的摹本内容；第四，爲方便書寫，文中相關釋文將基

---

[1]　詳見美國大都會藝術博物館官網，https：//www. metmuseum. org/。

[2]　參考《失落的國寶：A. W. Bahr（巴爾）先生收藏的中國古玉（一）》一文，http：//www. 360doc. com/content/19/0826/22/13020443_857244083. shtml，2019年8月26日。

本採用寬式隸定處理，缺字以"□"表示，辭例內容在"〔 〕"內補充說明；第五，甲骨隸定字使用"甲骨釋文"字體錄入。

　　1. 第一片：18.56.71（龜）

仿拓＋摹本（據照片處理所得）		"美藏"拓本
		USS 546

釋文：癸□（缺地支）卜，□貞：婦□……夢，不……隹囚？

　　本辭未見著錄於《甲骨文合集》（以下簡稱《合集》）①。相似的辭例有《合集》17379（佚174）、17384、17385及港中文3（UC25）② 等內容。

港中文3 相關圖錄

---

　　① 郭沫若主編，中國社會科學院歷史研究所編：《甲骨文合集》（第一至十三冊），北京：中華書局1978—1982年版。
　　② 李宗焜主編，何碧琪編：《典雅勁健：香港中文大學藏甲骨集》，香港：香港中文大學出版社2017年版，第32－33頁。

　　結合卜辭中典型的賓類字，筆者以爲該辭中的"婦"下缺"好"的可能性最大，主要卜問婦（好）夢境吉凶的事宜。

　　2. 第二片：18.56.73（龜）

仿拓＋摹本（據照片處理所得）		"美藏"拓本
		USS 547

釋文：□□卜，順［貞］：赤□其型□歺。
　　　……型……三。

　　本辭著錄於《合集》27720[①]。該片有斷辭兩條，在第二條卜辭的釋讀上，《甲骨文合集釋文》[②]作"……型□。三"。《殷墟甲骨文摹釋全編》[③]作"……型……七月"。筆者根據實物觀察，"美藏"和《合集》拓本中類似"七月"的字樣，當爲該骨面上的殘痕，並非文字，當從"釋文"之說。

[①] 郭沫若主編，中國社會科學院歷史研究所編：《甲骨文合集》（第九冊），北京：中華書局1981年版，第3421頁。
[②] 胡厚宣主編，王宇信、楊升南總審校：《甲骨文合集釋文》，北京：中國社會科學出版社2009年版，第1378頁。
[③] 陳年福：《殷墟甲骨文摹釋全編》，北京：綫裝書局2010年版，第2482頁。

3. 第三片：18.56.74（龜）

仿拓（據照片處理所得）+摹本（據照片摹寫所得）		"美藏"拓本
		 USS 548

釋文：叀羊，茲［用］（辭例中少"用"字，予以補足，下同），一。

一。

叀［羊］，茲［用］，一。

□□卜，貞：□乙升［祊其］牢。

叀羊，［茲用］，一。

　　本辭著錄於《合集》36121①。該甲除兆序、兆辭之外，僅有斷辭一條，主要是祭祀祖先乙的事宜。結合已見類似辭例內容，當爲"武乙"無疑。《殷墟甲骨文摹釋全編》②等摹寫或釋文作"武乙"，但筆者據實物圖片觀察，實物並無"武"字。因爲原有拓本不清，原有釋文多有訛誤，今予以補正說明。

①　郭沫若主編，中國社會科學院歷史研究所編：《甲骨文合集》（第十二冊），北京：中華書局1982年版，第4504頁。

②　陳年福：《殷墟甲骨文摹釋全編》，北京：綫裝書局2010年版，第3254頁。

4. 第四片：18.56.75（龜）

仿拓＋摹本（據照片處理所得）		"美藏" 拓本
		 USS 549

釋文：貞：勿賜兵。三。

　　本辭未見著錄於《合集》。內容涉及商王是否賞賜兵器事宜，相似辭例可見《合集》9468[①]。從現藏該甲實物與 "美藏" 拓本對比來看，很明顯在盾紋左上側有所缺失，少了兆序 "三"。

5. 第五片：18.56.76（龜）

---

① 郭沫若主編，中國社會科學院歷史研究所編：《甲骨文合集》（第四冊），北京：中華書局 1979 年版，第 1365 頁。

（續上表）

仿拓＋摹本（據照片處理所得）		"美藏" 拓本
		USS 550

釋文：壬寅［卜］，其餗□用。三。

本辭著錄於《合集》30953①。内容涉及卜問祭祀或宴饗活動的飲食情況，有殘缺。

6. 第六片：18.56.77（龜）

仿拓＋摹本（據照片處理所得）		"美藏" 拓本
		USS 551

釋文：辛［□卜］，賓［貞］：……于……宰。

本辭未見著錄於《合集》。内容涉及祭祀犧牲事宜，辭例殘缺。

---

① 郭沫若主編，中國社會科學院歷史研究所編：《甲骨文合集》（第十冊），北京：中華書局1981年版，第3775頁。

7. 第七片：18.56.78（龜）

仿拓（據照片處理所得）	"美藏" 拓本
	 USS　552

釋文：……貞：萃燎五牛、宰。

本辭未見著錄於《合集》。內容涉及祭祀犧牲事宜，辭例殘缺。

8. 第八片：18.56.79（龜）

（續上表）

仿拓＋摹本（據照片處理所得）		"美藏" 拓本
		 USS 553
釋文：……屮（有）害。		

本辭未見著錄於《合集》。辭例殘缺。

9. 第九片：18.56.80（龜）

仿拓（據照片處理所得）	"美藏" 拓本	《契合集》335
	 USS 554	合補2664 合補283
釋文：……貞□……漁□……父□。		

　　本辭未見著錄於《合集》。辭例殘缺，其甲位置當在首甲右側。根據其辭條內容，筆者疑其與林宏明所著《契合集》第 335 號①應是同辭例甲骨，存在互相補充的可能。

　　①　林宏明：《契合集》，臺北：萬卷樓圖書股份有限公司 2013 年版，第 339 頁。

10. 第十片：23.23.6（骨）

仿拓（據照片處理所得）	"美藏" 拓本
	 USB　555

釋文：……貞乎婦好先……

本辭未見著錄於《合集》。辭例殘缺。

11. 第十一片：23.23.7（骨）

（續上表）

仿拓＋摹本（據照片處理所得）		"美藏"拓本

USB 556 |
| 釋文：丁巳卜，古貞：…… | | |

本辭未見著錄於《合集》。辭例殘缺。

12. 第十二片：23.23.9（骨）

仿拓＋摹本（據照片處理所得）		"美藏"拓本
		失收
釋文：二告，一。		
二告，二。		

本辭未見著錄於《合集》。辭例僅見兆序、兆辭。"美藏"拓本也並未收錄。

此外，筆者還對習刻、無字、僞刻、骨雕等內容進行整理，附圖如下：

1. 筆者疑爲習刻（2件）：23.23.4、23.23.11

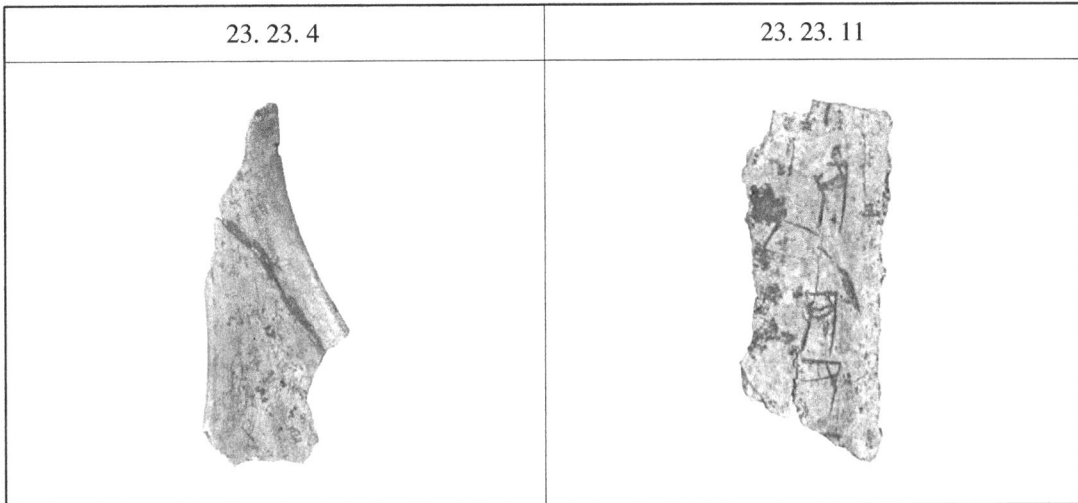

23.23.4	23.23.11

　　23.23.4 骨面上有比較成熟的"丁巳""庚寅"等干支紀日，筆者以爲不僞。23.23.11 骨正面爲三行"辰"字，其中一個並未刻全，背面則有兩個不同形態的"卯"字，從刻劃筆法結構等方面看，筆者以爲不僞。

2. 僞刻、無字（9件）

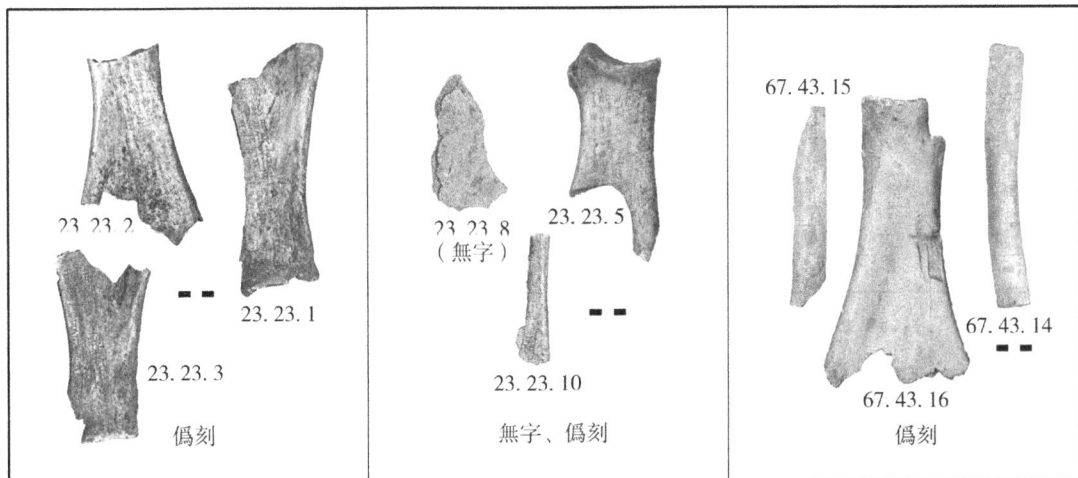

23.23.2　　23.23.1　　23.23.3　　僞刻

23.23.8（無字）　　23.23.5　　23.23.10　　無字、僞刻

67.43.15　　67.43.14　　67.43.16　　僞刻

（續上表）

僞刻甲骨拓本圖版

2930

2931

2932

《北京大學珍藏甲骨文字》部分書影

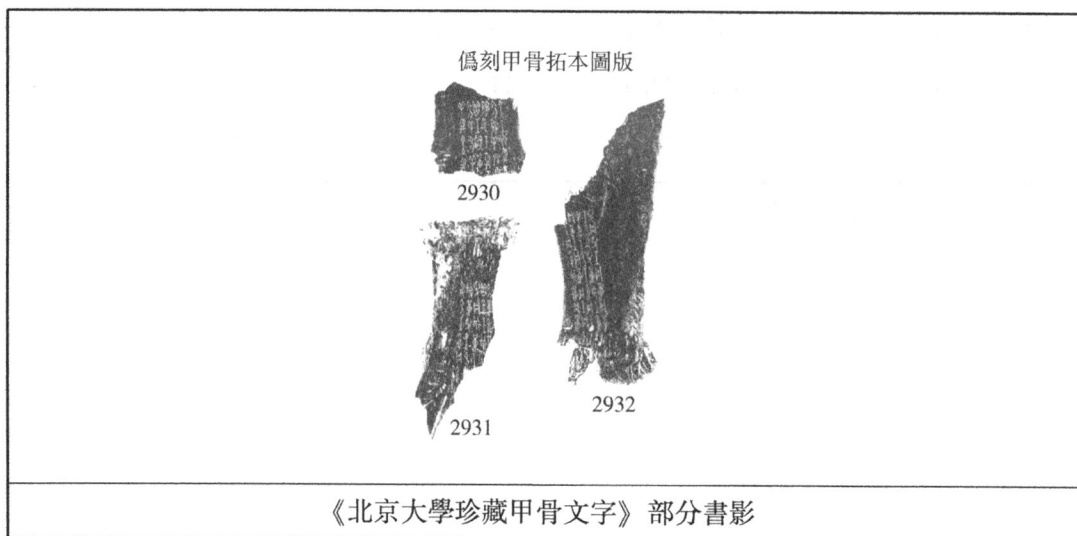

僞刻部分 23. 23. 1、23. 23. 2、23. 23. 3 諸件與《北京大學珍藏甲骨文字》① “僞刻甲骨拓本圖版” 部分 2930 ~ 2940 號刻劃字跡相同，疑爲同一批僞刻。

3. 骨雕材料（5 件）

18. 56. 72	1985. 214. 120	1985. 214. 121	1985. 214. 122	1985. 214. 124

五、甲骨明細詳表

爲便於總結大都會藝術博物館所藏商代甲骨材料，筆者對有關收錄、材質、尺寸等內容逐一彙總，製成表 3，以方便學術研究使用。從筆者查閱情況來看，本批甲骨材料著錄內容僅見於 “美藏” 和《合集》，學者對相關內容的關注和研究還比較少。

① 李鍾淑、葛英會：《北京大學珍藏甲骨文字》，上海：上海古籍出版社 2008 年版，第 494 – 498 頁。

表 3　大都會藝術博物館所藏甲骨明細

博物館編號（MMA）		美藏（USS/USB）	合集（JGWHJ）	材質	甲骨尺寸/cm
真品部分	1	18.56.71	USS 546	—	龜	5.4×3.8
	2	18.56.73	USS 547	27720	龜	3.5×2.7
	3	18.56.74	USS 548	36121	龜	3.8×3.2
	4	18.56.75	USS 549	—	龜	3.8×3.2
	5	18.56.76	USS 550	30953	龜	3.8×2.2
	6	18.56.77	USS 551	—	龜	2.9×1.9
	7	18.56.78	USS 552	—	龜	2.2×1.9
	8	18.56.79	USS 553	—	龜	2.5×1
	9	18.56.80	USS 554	—	龜	2.4×1.7
	10	23.23.6	USB 555	—	骨	8.9×12.7
	11	23.23.7	USB 556	—	骨	7.9×12.7
	12	23.23.9	—	—	骨	4.4×11.4
習刻	1	23.23.4	—	—	骨	19.1×8.6
	2	23.23.11	—	—	骨	2.2×5.1
僞刻部分	1	23.23.1	—	—	骨	8.9×20.3
	2	23.23.2	—	—	骨	10.2×17.1
	3	23.23.3	—	—	骨	8.6×16.5
	4	23.23.5	—	—	骨	7.6×17.8
	5	23.23.8	（疑無字）	—	骨	6.7×10.8
	6	23.23.10	—	—	骨	2.9×10.5
	7	67.43.14	—	—	骨	22.5×3
	8	67.43.15	—	—	骨	17.1×3.2
	9	67.43.16	—	—	骨	23.5×12.7
骨雕	1	18.56.72	—	—	骨	2.5×4.4
	2	1985.214.120	—	—	骨	11.7×3.3
	3	1985.214.121	—	—	骨	5.7×3.2
	4	1985.214.122	—	—	骨	6.8×2.5
	5	1985.214.124	—	—	骨	11.7×2.9

六、結語

通過對大都會藝術博物館甲骨的整理研究，筆者認爲不論是國內還是國外的博物館、藝術館等單位都應逐步通過網絡開放或公佈館藏有關文物材料。如此，一方面有利於傳播中國或海外的藝術文化精髓，提升全民在文化以及藝術方面的素養；另一方面也有利於全世界更好地認知歷史文化、重視文物價值，從而爲保護、研究文化遺產提供更加優越的條件。

　　當前，我們應看到甲骨百年來因爲保護不善或物理性、化學性的影響，出現了剝落、粉化等多種毀損情況。隨著時間的推移，這種情況必然越來越多。終有一天，甲骨文字將消失在我們的視野裏。如何抓緊時間對甲骨毀損問題進行科研攻關，如何把握時機對甲骨文化進行更深入的研究，這將不是一個、兩個學者應該考慮的問題。

參考文獻

［1］陳年福：《殷墟甲骨文摹釋全編》，北京：綫裝書局 2010 年版。

［2］方法斂摹，白瑞華校：《庫方二氏藏甲骨卜辭》，上海：商務印書館 1935 年版。

［3］郭沫若主編，中國社會科學院歷史研究所編：《甲骨文合集》（第一至十三冊），北京：中華書局 1978—1982 年版。

［4］胡厚宣主編，王宇信、楊升南總審校：《甲骨文合集釋文》，北京：中國社會科學出版社 2009 年版。

［5］李棪：《北美所見甲骨選粹考釋》，《中國文化研究所學報》1970 年第 2 期。

［6］林宏明：《契合集》，臺北：萬卷樓圖書股份有限公司 2013 年版。

［7］李宗焜主編，何碧琪編：《典雅勁健：香港中文大學藏甲骨集》，香港：香港中文大學出版社 2017 年版。

［8］李鍾淑、葛英會：《北京大學珍藏甲骨文字》，上海：上海古籍出版社 2008 年版。

［9］孫亞冰：《百年來甲骨文材料統計》，《故宮博物院院刊》2006 年第 1 期。

［10］周鴻翔編著：《美國所藏甲骨錄》，洛杉磯：加利福尼亞大學出版社 1976 年版。

A Study of the Oracle Bone Collections in The Metropolitan Museum of Art

Fu Zhenqi

Abstract：With the opening information about the oracle bones in The Metropolitan Museum of Art, according to *Selections from Oracle Bone Collections in North America* and *Oracle Bone Collections in the United States*, the study includes photographs, rubbings, transcripts by the author collected and made. In addition, the author also has corrected some reference problems.

Key words：oracle bones, The Metropolitan Museum of Art, collection in the United States

（三明學院；中國室內裝飾協會）

白川靜《金文通釋》中的語法研究與銘文考釋舉要

朱其智

提　要　本文將考察白川靜在《金文通釋》中是怎樣從語法研究角度來考釋銘文的，將從詞法和句法兩個層面進行考察。詞法方面包括："百生（姓）"的廣義與狹義、"對各"是二人名還是一官名、"後"的詞性、"遹"的虛實之辨、"日"是名詞還是副詞；句法方面包括："不分（遂）不妻"的句法結構、"嗣（司）寇"還是"嗣（司）宋"、賞賜物的詞序、"史帶受（授）王令（命）書"爲"主語＋動詞＋雙賓語"結構等。本文充分肯定白川靜通過語法來進行銘文研究所取得的成績，同時對於不足之處也提出更佳的方案。

關鍵詞　《金文通釋》　語法　考釋

　　白川靜（1910—2006）是日本著名學者，他鍾情於漢學，著作等身。一部《金文通釋》，共7卷56輯，三百餘萬字，所考釋青銅器銘文約800篇，是聞名世界漢學界和中國古文字學界的鴻篇巨製。這部書從1962年（昭和三十七年）開始由白鶴美術館發行第1輯，到1984年（昭和五十九年）56輯出齊，歷時20餘年。高明①認爲："日本學者白川靜撰著的《金文通釋》……是當前國際上研究商周彝銘頗有成就的巨著。"裘錫圭、沈培②認爲："白川靜的代表作《金文通釋》是研究金文的重要參考書。"許倬雲③對白川靜的研究非常肯定："本書的史事分配，大致上接受白川靜先生所著《金文通釋》或陳夢家先生所著《西周銅器斷代》中各器的安排，因爲二氏對各器所屬世代，往往由形制、花紋及出現人名爲組合標準……金文史料，過去有《兩周金文辭大系》一書爲完全，今日則以白川靜先生的《金文通釋》與《補釋》爲最全的集子。因此，本書舉證銘文，只要《金文通釋》（或《補釋》）已採入的，均以該書爲資料來源。"劉慶柱、段志洪和馮時④主編的《金文文獻集成》所收不多的日文著作中就有白川靜的《金文通釋》。本文將考察白川靜在《金文通釋》中是怎樣從語法研究角度來考釋銘文的。

---

　　①　高明：《中國古文字學通論》，北京：北京大學出版社1996年版，第358頁。

　　②　裘錫圭、沈培：《二十世紀的漢語文字學》，劉堅主編：《二十世紀的中國語言學》，北京：北京大學出版社1998年版，第122頁。

　　③　許倬雲：《西周史》（增補本），北京：生活·讀書·新知三聯書店2001年版，前言第5頁。

　　④　劉慶柱、段志洪、馮時主編：《金文文獻集成》（第44-45冊），北京：綫裝書局2005年版。

一、詞法研究與金文考釋

（一）“百生（姓）”的廣義與狹義

　　余甘（其）用各（格）我宗子雩（雩、與）百生（姓），余用勾屯（純）魯雩（雩、于）邁（萬）年，甘（其）永寶用之。（《善鼎》，《集成》02820）

　　楊樹達[①]認爲：“百生者，百姓也。今語謂庶民爲百姓，古義則不然。《國語·楚語》下云：‘民之徹官百，王公之子弟之質能言能聽徹其官者，而物賜之姓，以監其官，是爲百姓。’《詩·小雅·天保》云‘群黎百姓，遍爲爾德’，《毛傳》云：‘百姓，百官族姓也。’《書·堯典》云‘克明俊德，以親九族，九族既睦，平章百姓，百姓昭明，協和萬邦，黎民於變時雍’，文以九族百姓與萬邦黎民對言，知百姓與黎民有別也。故《鄭注》云‘百姓，群臣之父子兄弟也’。《國語·周語》中云‘百姓兆民，夫人奉利而歸諸上’，文以百姓與兆民對言，知百姓與兆民有別也。古《韋注》云：‘百姓，百官也。官有世功，受氏姓也。’此古經傳百姓之義可考也。以金文言之《兮甲吉父盤》云：‘其惟我諸侯百姓，毋賈毋不即市！’《史頌段》云：‘濂友里君百生帥輯盩于成周。’此二文百生或與諸侯連言，或與里君連言，百姓之非庶民如今語之義，又可知也。以百生兩字學者易爲誤解，故具言之。”

　　白川靜[②]認爲：“宗子はこの器銘では百生と對舉され、兩者に對して‘格す’という動詞が用いられている。宗廟の祭祀に參加させる意から、百生また異姓でなく、同族の者である。沇兒鐘に‘用盤飲酒，龢會百生，淑于威儀，惠于盟祀，虔以匜用喜，以樂嘉賓及我父兄庶士’とあり、また爾伯段には‘儕友雯百諸婚媾’の語があるが、妻黨母黨の屬を合せて、宗廟の祭祀に參加する。龢鎛に‘保虔子姓’とある姓は百生の生と同義であり、同族の子孫をいう。宗子百生とはこの同族の本宗支裔をいう語で、百諸婚媾よりなお範圍の狹い同族血緣者をいう。すなわち宗子は本宗、百生はその支裔であり、楊氏の說もなお廣義に失するのである。”

　　朱其智按：楊樹達通過傳世文獻證明“百生/百姓”非庶民如今語之義，當爲“百官”解；而白川氏通過銘文本身“宗子”與“百生”對舉，指出“百生”當爲同族支裔解，亦參加祭祀。楊樹達和白川靜各以其例證其說，“百生”果有廣義、狹義之別乎？

---

①　楊樹達：《積微居金文說》（增訂本），北京：中華書局1997年版，第193頁。
②　白川靜：《金文通釋》（第23輯），神戶：白鶴美術館昭和四十三年（1968）版，第99頁。

(二) "對各" 是二人名還是一官名

令（命）女（汝）眔智𪊨疋（胥）對各，从嗣（司）王家外內。（《蔡簋》，

《集成》04340）

白川靜①曰："對各は難解な語である。大系に對·各という二人の名とし、蔡·智を内外の二宰とみて、この二宰に對·各二人の職事を繼承することを命じたものと解している。下文に‘死嗣王家外內’の語があり、𪊨疋を嗣續の義とみたものであるが、𪊨疋は兼官として他職を補佐する意で、免𣪘や盠方彝にみえる。免𣪘‘令女疋周師嗣廩’のように人名と職命を併せていうこともあり、盠方彝‘𪊨嗣六自眔八自𨺿’のように職名のみをいうこともある。疋は人に對し、𪊨は官職についていう語である。もし對各が二人の名であるならば、上文の‘汝眔智’ように‘對眔各’というべく、また職名ならば二人に𪊨嗣を命じているから、二人に分掌しうる職務である。職掌が二事にわたるときは、毛公鼎‘令女𪊨嗣公族雫參有嗣’のようにいう。從がつて對各は一の職掌の名であり、職務は分擔しうる性質のものである。"

朱其智按：白川靜通過對 "疋" 和 "𪊨/𪊨疋" 搭配詞語的不同——疋+人；𪊨/𪊨疋+官職，從而否定了郭沫若 "對各" 爲人名的說法，指出其爲職務名。而且，如果是二官職，"對" 和 "各" 之間當有連詞，如 "雫" 或 "眔" 等，那麼 "對各" 只能是一個官職。

白川靜研究金文的一個特點是語法律考釋，是爲例。

(三) "後" 的詞性

王後𣪘克商，在成𠂤（師），周公易（賜）小臣單貝十朋，用乍（作）寶障

（尊）彝。（《小臣單觶》，《集成》06512）

對於 "王後𣪘克商" 一句，郭沫若②是這樣理解的："此武王克商時器，𣪘即阪字，假爲反若叛……師渡孟津克商，故此云‘後反’也。" 陳夢家③認爲，將此句第三字釋爲 "厈" 字，假作 "屈、詘、紬、黜"，"王后紬克商，是成王第二次克商，即克武庚之叛"。

針對郭沫若和陳夢家的研究，白川靜④提出了自己的觀點："後を從來はすべて副詞に解している。郭陳二氏らの釋はみな時間的なの意とし、……かつ金文には後を副詞に用

---

① 白川靜：《金文通釋》（第23輯），神戶：白鶴美術館昭和四十三年（1968）版，第104頁。
② 郭沫若：《兩周金文辭大系圖錄考釋》（下），上海：上海書店出版社1999年版，第3頁。
③ 陳夢家：《西周銅器斷代》（上），北京：中華書局2004年版，第10頁。
④ 白川靜：《金文通釋》（第3輯），神戶：白鶴美術館昭和三十八年（1963）版，第92頁。

いた例なく、後人・後男・後民・聖人之後のように最も多く後嗣子孫の意に用いている。他には窖鼎‘師氏眔有嗣遂或’のように後國の語がある。これを以ていえば、後臤は後國と同じ語例で名詞であると思われ、この場合軍旅の名、編隊の稱のようにである。”

原文大意爲：郭沫若和陳夢家將“後”解釋爲時間副詞，然而金文沒有副詞的用例。“後人”“後男”“後民”“聖人之後”，最多是後嗣子孫的意思。還有窖鼎“師氏眔有嗣後或”中有“後或”一詞，“後或”跟“後臤”是用作名詞的同樣的文例，在該銘中是軍旅的名詞，表示（後面的）編隊。

朱其智按：白川靜從金文用例來證明“後”沒有時間副詞的用法，只有名詞的用法，“後”用作“臤”的定語。其說可從。

(四)“遹”的虛實之辨

隹（唯）王二十又三年九月，王在宗周，王命譱（膳）夫克舍（捨）令（命）于成周，遹正八𠂤（師）之年，克乍（作）朕（朕）皇且（祖）釐季寶宗彞。（《小克鼎》，《集成》02796－02802，西周晚期）

郭沫若①曰：“‘遹正八𠂤’與《師虙毁》‘征正師氏’同例，遹征均語詞。”
白川靜②曰：“遹正と似たものに遹省があり、宗周鐘に‘王肇遹省文武堇疆土’とみえ、廣大な地域の巡察を意味するが、克鐘に涇東を遹すとあるものは遹省であろう。遹正は純粹に軍事的な目的を以て、殷の八師の師氏や構成員を對象としてその軍規を正すものであるが、それはおそらく、何らかの軍事的緊張がこの方面に生じてることを意味するものであろう。大系に遹を單なる語詞とみているのは、克鐘の‘遹涇東至于京𠂤’の文には通じがたい解釋であり、遹という行爲には重大な軍事的意味が含まれているとみるべきである。遹は大矛を臺座上に立てて巡察する意を示す。”

朱其智按：白川靜認爲“遹正”和“遹省”相似，“遹”是重大的軍事行動。如果《大系》認爲“遹”是語詞的話，《克鐘》“透（遹）涇東至于京𠂤（師）”這一句就很難解釋通。“遹”字構形是大矛立在臺座上，有巡察的意思。白川靜從文例到字形證明“遹”非語詞，而是動詞，其說可從。

下面是我們根據吳鎮烽③編著的《商周青銅器銘文暨圖像集成》《商周青銅器銘文暨圖像集成續編》《商周青銅器銘文暨圖像集成三編》考察的西周金文“遹”的文例：

---

①　郭沫若：《兩周金文辭大系圖錄考釋》（下），上海：上海書店出版社1999年版，第123頁。
②　白川靜：《金文通釋》（第28輯），神戶：白鶴美術館昭和四十四年（1969）版，第515－516頁。
③　吳鎮烽編著：《商周青銅器銘文暨圖像集成》，上海：上海古籍出版社2012年版；《商周青銅器銘文暨圖像集成續編》，上海：上海古籍出版社2016年版；《商周青銅器銘文暨圖像集成三編》，上海：上海古籍出版社2020年版。

雩（雩）我甘（其）適省先王受民受彊（疆）土。[《大盂鼎》，《集成》02837，西周早期（康王世）]

隹（唯）王卅又三年，王寴（親）適眚（省）東或（國）南或（國）。[《晉侯蘇鐘》，《近出》35+……+50，西周晚期（厲王世）]

王肇適眚（省）文武，堇（勤）彊（疆）土。[《㝬鐘》，《集成》00260，西周晚期（厲王世）]

䜌圉武王，遹（適）征三（四）方，達殷畯（畯）民，永不（丕）巩（恐）狄虘，兇（微）伐尸（夷）童。[《史墻盤》，《集成》10175，西周中期前段（恭王世）]

王乎（呼）士曶召克，王親（親）令克，遹（適）涇東至于京𠂤（師）。（《克鐘》，《集成》00204+00205，00206+00207，00208/《克鎛》，《集成》00209，西周晚期）

詞例有“適省”3見，“適征”1見，“適”1見，的確如白川静所說，“適”跟重大軍事行動有關，用如動詞，而非語詞，特別是“遹（適）涇東至于京𠂤（師）”之“適”，單用且明顯處於動詞位置，解爲語詞，語法上不通。

（五）“日”是名詞還是副詞

易（賜）女（汝）幺（玄）衣、黹屯（純）、赤市（韍）、朱黃（衡）、戈彤沙（緌）琱䍙、旂五日，用事。（《輔師𠭰簋》，《集成》04286，西周中期後段）

白川静①的句讀爲“易女幺衣黹屯·赤市·朱黃·戈彤沙琱䍙·旂五、日用事”。

易（賜）女（汝）幺（玄）衣、黹屯（純）、銇（素）市（韍）金銧（衡）、赤舄、戈琱䍙、彤沙（沙、緌）、攸（鋚）勒、䜌（鑾）旂五日，用事。（《弭伯師耤簋》，《集成》04257，西周中期）

白川静②的句讀爲“易女幺衣黹屯·銇市·金銧·赤舄·戈琱䍙彤沙·攸勒·䜌旂五、日用事”。

白川静③證明道：“‘日用事’は、普通には單に‘用事’という。日用を連ねていうものには、𠦪伯𣪘‘日用享于宗室’·小克鼎‘克其日用𩰫朕辟魯休’のように、夷王期前後の器銘にその例がみうる。”

朱其智按：僅僅根據以上銘文，“旂五日”和“用事”連文，“䜌（鑾）旂五日”和“用事”連文，固然有可能按照白川静的句讀。可是我們看下面的銘文：

---

① 白川静：《金文通釋》（第26輯），神戶：白鶴美術館昭和四十四年（1969）版，第339頁。
② 白川静：《金文通釋》（第27輯），神戶：白鶴美術館昭和四十四年（1969）版，第479頁。
③ 白川静：《金文通釋》（第27輯），神戶：白鶴美術館昭和四十四年（1969）版，第482頁。

易（賜）女（汝）朱黃（衡）、桼（雕）親（親）、幺（玄）衣黹屯（純）、䜌（鑾）旂五日、戈畵（畫）戚、厚（厚）必（柲）、彤沙（綏），用事。（《王臣簋》，《集成》04268，西周中期後段）

易（賜）寏幺（玄）衣、黹屯（純）载（緇）市（韍）、幽黃（衡）、䜌（鑾）赤旂五日、雁（膺）旟，用事。（《寏盤》，《通鑒》14528，西周中期前段）

《王臣簋》銘文"䜌（鑾）旂五日"和"用事"之間還隔著其他所賜之物"戈畵（畫）戚、厚（厚）必（柲）、彤沙（綏）"，《寏盤》銘文"䜌（鑾）赤旂五日"和"用事"之間還隔著"雁（膺）旟"，這樣不可能有"日用事"三字一句。再看《師道簋》：

易女桼（雕）朱亢（衡）、幺（玄）衣、黹帆（純）、戈畵（畫）戚、歇（厚）宓（柲）、彤屌（綏）、旂五日、䜌，衡（道）拜（拜）頔（稽）首，對訊（揚）天子不（丕）顯休命。（《師道簋》，《新收》1394，西周中期）

此銘出現了"旂五日"，可是根本沒有出現"用事"。

西周金文誠然如白川靜所言有"尒伯毁'日用享于宗室'·小克鼎'克其日用䵼朕辟魯休'"的用例，但是西周金文"用事"前從來不會加上"日"字作副詞用。

對於《王臣簋》銘文，張政烺①以"䜌（鑾）旂五日"爲句讀，並有說："金文與此相類者，如：彔伯簋'易女玄衣黹屯，鈛（素）市（韍）金鈗，赤烏，戈珊戚彤沙，攸（鋚）勒，䜌（鑾）旂五日用事'。輔師㷉簋'易女玄衣黹屯，赤市朱黃，戈彤沙珊戚、旂五日，用事'……一九三五年，河南汲縣山彪鎮出土水陸攻戰紋鑒，其中層圖案是水戰，設兩大船相對，其右側一船船頭立大旗，似鸞身（以戈頭爲鸞首），上有圓形五個，蓋即五日。"

下圖即"河南汲縣山彪鎮出土水陸攻戰紋鑒"描圖，見郭寶鈞《山彪鎮與琉璃閣》②。該圖右上即可見"䜌（鑾）旂五日"。

河南汲縣山彪鎮出土水陸攻戰紋鑒

---

① 張政烺：《王臣簋釋文》，《張政烺文史論集》，北京：中華書局2004年版，第622–623頁。
② 郭寶鈞：《山彪鎮與琉璃閣》，北京：科學出版社1959年版，第21頁。

張政烺引用出土的實物圖畫證明"巒（巒）旂五日"即畫有五個太陽之旂（旗），相當充分有力，其說可從。

二、句法研究與金文考釋

(一) "不分（遂）不畫"的句法結構

聖肇帥井（型）皇考，虔烸（夙）夜出內（納）王命，不叔（敢）不分（遂）不畫，王用弗諲（忘）聖人之後，多蔑曆（曆）易（賜）休。(《師聖鼎》，《集成》02812，西周中期)

吳大澂①認爲："分即豥。說文，豥從意也。國語周語注，遂猶順也。豥遂義同。畫字從聿從乂，當即古肅字。說文，肅持事振敬也。從聿在開上，戰戰兢兢也。爾雅，乂治也。書洪範，恭作肅，從作乂。詩小旻，或肅或艾，肅字從乂，較從開之義爲長。不敢不豥不肅，言不敢不順命不敬事也。"

白川靜②認爲："不豥は'不敢墜'の意であるから、不豥と不肅とは並列ではなく、不豥は不肅にかかる副詞的修飾語に解しなくではならぬ。"

白川靜認爲"不豥不肅"不是並列關係，"不豥"是"不肅"的所謂"副詞修飾語"。

朱其智按：當以吳氏之說易懂，白川氏迂曲。且西周金文同類文例如下：

卒（厥）訊庶右粦，不井（型）不中，廼侯之糌。(《牧段》，《集成》04343)

用雩乃訊庶右粦，母（毋）敢不明不中不井（型），乃冊（貫）政事，母（毋）敢不尹开不中不井（型）。(《牧段》，《集成》04343)

雩乃專政事，母（毋）叔（敢）不畫不井（型），雩乃訊庶又（有）粦，母（毋）叔（敢）不中不井（型）。[《卌三年迷鼎》，《通鑒》02503 - 02512，西周晚期（宣王世）]

對於《牧段》中的"不井（型）不中"，白川靜③的訓讀爲"刑ならず中ならざることあらば"，可以明顯地看出白川靜是把"不井（型）不中"理解爲並列結構，所以"不分（遂）不畫"亦當爲並列結構。

---

① 吳大澂：《愙齋集古錄釋文膡稿》（下），丁佛言：《丁佛言手批愙齋集古錄》，天津：天津市古籍書店 1990 年版，第 5 頁。
② 白川靜：《金文通釋》（第 22 輯），神戶：白鶴美術館昭和四十二年（1967）版，第 77 頁。
③ 白川靜：《金文通釋》（第 19 輯），神戶：白鶴美術館昭和四十二年（1967）版，第 369 頁。

（二）“嗣（司）寇”還是“嗣（司）㝑”

　　隹（唯）五月既生霸庚午，白（伯）俗父右庚季，王易（賜）赤⊙市（韍）、幺（玄）衣、菁屯（純）、戀（鑾）旅（旂），曰：用又（左）右俗父嗣（司）⊙，庚季捧（拜）頴（稽）首，對𩔖（揚）王休，用乍（作）寶鼎，甘（其）萬年子＝（子子）孫＝（孫孫）永用。（《庚季鼎》，《集成》02781，西周中期）

　　“嗣（司）⊙”之“⊙”，吳闓生①將其釋爲“寇”，張亞初《殷周金文集成引得》②和中國社會科學院考古研究所編的《殷周金文集成釋文》（第二卷）③亦釋爲“寇”。吳闓生④並有說：“伯俗父爲司寇，命南季左右之也。”

　　然“⊙”釋爲“寇”，字形上很難成立。西周金文“寇”字的字形如下：⊙（《叔京簋》，《集成》03486，西周早期）、⊙（《曶鼎》，《集成》02838，西周中期）、⊙（《揚簋》，《集成》04295，西周晚期）、⊙（《嗣寇良父壺》，《集成》09641，西周晚期）、⊙（《虞嗣寇壺》，《集成》09694，西周晚期）、⊙（《虞嗣寇壺》，《集成》09694，西周晚期）、⊙（《虞嗣寇壺》，《集成》09695，西周晚期）。

　　而“⊙”字，上有“宀”，沒有問題，但是下左僅爲一“亻”形，“亻”上缺凸顯人頭的圓點或短橫。而且下右字形明顯不是“攴”。

　　吳式芬⑤將該字摹爲“⊙”，釋爲“庥”。楊樹達⑥釋爲“㝑”，並有說：“《說文·六篇上·木部》休或作庥，此文作㝑，从宀从广同也。嗣休者，王勉庚季繼白俗父之美也。㝑字拓片甚明，吳闓生《吉金文錄》（卷一廿二頁下）釋爲寇，誤也。”白川靜⑦從之，而且認爲“官名を人名の下につづけて‘伯俗父嗣寇⑧’という例なく、それを賓語として‘左右’の動詞を用いる語形は考えられない”。白川靜的意思是金文無官名位於人名之下的文例，而且“俗父嗣寇”也不可能作“左右”的賓語。

　　朱其智按：吳鎮烽⑨在《金文人名研究》一文中總結出男子名的23種組成方式：

　　男子名可以名、字、氏、行第、官名、爵號單稱，也可以有種種組合方式：

①　吳闓生：《吉金文錄》（卷一），北京：中華書局（南宮邢氏藏板）1963年版，第22頁。
②　張亞初：《殷周金文集成引得》，北京：中華書局2001年版，第48頁。
③　中國社會科學院考古研究所編：《殷周金文集成釋文》（第二卷），香港：香港中文大學中國文化研究所2001年版，第357頁。
④　吳闓生：《吉金文錄》（卷一），北京：中華書局（南宮邢氏藏板）1963年版，第22頁。
⑤　吳式芬：《攈古錄金文》（卷三之一），吳重憙刻本，光緒二十一年（1895）版，第36頁。
⑥　楊樹達：《積微居金文說》（增訂本），北京：中華書局1997年版，第240－241頁。
⑦　白川靜：《金文通釋》（第22輯），神戶：白鶴美術館昭和四十三年（1968）版，第24－25頁。
⑧　朱其智按：白川靜文例“伯俗父嗣寇”衍一“伯”字，原文爲“俗父嗣寇”。
⑨　吳鎮烽：《金文人名研究》，《考古文選》，北京：科學出版社2002年版，第173－179頁。

"國名/氏名＋名"；"國/氏＋字"；"行第＋名"；"行第＋字"；"行第＋字＋名"；"國/氏＋行第"；"氏＋行第＋名"；"氏＋行第＋字"；"氏＋行第＋字＋名"；"官職＋名"；"官職＋字"；"國名＋爵稱"；"國名＋爵稱＋名"；"國名＋爵稱＋字"；"爵稱＋名"；"'公'＋爵稱/官職/行第/私名"；"身份稱謂＋私名"。

從上金文男子名的 23 種組成方式中，我們只發現金文有"官職＋名"和"官職＋字"之組合，並無"人名＋官名"組合之例，也就是說"俗父嗣寇"的組合是不成立的。

白川靜從語法（人名的組合）上證明"𡧱"不當釋爲"寇"，其說可從。

至於動詞"左右"帶賓語的情況，白川靜①進一步補充說明道："左右とは伯俗父を輔佐することをいう、佐助の語は直接その人にかかる。その職務は下文につづけて、孟殷に'左比毛父'・'右比毛父'というように、免殷'疋周師、嗣林'・善鼎'左疋𤲃侯、監𤔲師戍'・師兌殷'疋師龢父、嗣左右走馬五邑走馬'のようにいう。これらの文例によれば、嗣𠂤は官名でなく、嗣は動詞である。"

朱其智按：白川靜用金文文例證明本銘"用左右俗父嗣𠂤"當如《免殷》"疋周師、嗣林"和"疋師龢父、嗣左右走馬五邑走馬"等，"左右""疋"都是"輔佐"義，其賓語都直接加上某人，而輔佐他們履行甚麼職務，則在後續句中用動詞"嗣"引導出來。"嗣𠂤"不是官名，"嗣"是動詞。這樣看來，白川靜的觀點是成立的。

至於"𠂤"爲何字，白川靜②認爲："𠂤はあるいは宦の異體字であろう。"這跟楊樹達讀"𠂤"爲"休"一致。查四版《金文編》③"宦"字頭下，引作冊大鼎"大揚皇天尹大保宦"，並注曰"意如休"。

那麼"嗣休"爲何義？當如《作冊夨令簋》"公尹白（伯）丁父兄（既）于戌，戌冀，嗣（司）乞（訖）"（《集成》04300－04301）之"嗣（司）乞（訖）"。馬承源④有說："嗣乞，司訖，完成使命。"

（三）賞賜物的詞序

隹（唯）八月初吉戊寅，王各（格）于大（太）室，燚（榮）白（伯）入右師𣄰（耤），即立𠁧（中）廷，王乎（呼）內史尹氏命師𣄰（耤），易（賜）女（汝）幺（玄）衣、嗃屯（純）、錄（素）市（韍）金鈧、赤舄、戈琱戚、彤沫（沙、緌）、攸（鋚）勒、䜌（鑾）旂五日，用事。𢖽白（伯）用乍（作）障（尊）殷（簋），甘（其）萬年子＿（子子）孫＿（孫孫）永寶用。（《𢖽伯師耤簋》，《集成》04257，西周中期）

---

① 白川靜：《金文通釋》（第22輯），神戶：白鶴美術館昭和四十三年（1968）版，第26頁。
② 白川靜：《金文通釋》（第22輯），神戶：白鶴美術館昭和四十三年（1968）版，第26頁。
③ 容庚編著，張振林、馬國權摹補：《金文編》，北京：中華書局1985年版，第536頁。
④ 馬承源主編：《商周青銅器銘文選》（三），北京：文物出版社1988年版，第66－67頁。

應新、子敬①將"鈦"字釋爲"鈦"、讀爲"鈇"，並有說："'金鈦'即銅鈇，古稱銅曰金。鈇，軑字之假，即車轄。"

白川静②認爲："いまその賜與は、叔市・赤烏の間あり、何れも禮服の具である。車馬の具としれは，下文に攸勒・繼旂があり，車轄を叔市・赤烏の間に列するのは不類を免れない。金鈇はおそらく金黄・金衡の借字であろう。禮服等の賜與において、赤市・朱亢・旂をいうものに師俞段・何段等があり、字はみな亢に作る。また師㝬段に'易女叔市・金黄・赤烏・攸勒'とあり、本器にいう賜與に近く、鉢市は叔市、金鈇は黄金である。亢・黄は金文において珩・璜の字用い、玉佩をいう。"

朱其智按：白川静認爲在"叔市・赤烏"的禮服部件中間，夾雜"金軑"（車轄）是不倫不類的，他根據賜物的順序將"金鈦"釋爲"金鈇"，讀爲"金黄・金衡"。我們認爲讀爲"金黄"更確切，且"黄"當通"横"，而不是通"璜"所謂的"玉佩"。"横"字見於《師訇鼎》：

重（唯）余小子肇盅（淑）先王德，易（賜）女（汝）玄衮、䋤（黸）屯（純）、赤市（韍）、朱横、繼（鑾）旂、大（太）師金雁（膺）、攸（鋚）勒。
[《師訇鼎》，《集成》02830，西周中期前段（恭王世）]

唐蘭③在《毛公鼎"朱韍、葱衡、玉環、玉瑹"新解：駁漢人"葱珩佩玉"說》中認爲周王賞賜給毛公的恩黄（葱衡）決不是玉佩，"'韍'上的'衡'是繫'韍'的帶，它可以多到五道，可以用棻麻織成，也可以絲織，染成葱、幽、金、朱等色"。

唐蘭④在《用青銅器銘文來研究西周史：綜論寶雞市近年發現的一批青銅器的重要歷史價值》中進一步闡述道："例如古書中所見的衡（葱衡、幽衡等），也寫作珩，毛莨說是佩玉，金文作黄，或作亢，我曾根據金文中黄的質料和顏色，認爲佩玉說是錯誤的，定爲繫市（紱，圍裙）的帶子，研究者曾有不同意見，現在師訇鼎的'赤市（紱）、朱横（衡）'，横字正从市（紱）旁，證明它屬於市（紱）而非佩玉。"

周法高⑤曰："師訇鼎'赤市朱横'金文通作黄，舊說以爲佩玉，唐蘭以爲'紱是皮製的蔽膝，衡可以是革帶，也可以是絲或麻織的帶，衡是繫紱的'。此鼎銘從市，可證唐說。'"

① 應新、子敬：《陝西省城固、寶雞、藍田出土和收集的青銅器》，《文物》1966 年第 1 期，第 6 頁。
② 白川静：《金文通釋》（第 27 輯），神戶：白鶴美術館昭和四十四年（1969）版，第 481 頁。
③ 唐蘭：《毛公鼎"朱韍、葱衡、玉環、玉瑹"新解：駁漢人"葱珩佩玉"說》，故宮博物院編：《唐蘭先生金文論集》，北京：紫禁城出版社 1995 年版，第 91 頁。
④ 唐蘭：《用青銅器銘文來研究西周史：綜論寶雞市近年發現的一批青銅器的重要歷史價值》，故宮博物院編：《唐蘭先生金文論集》，北京：紫禁城出版社 1995 年版，第 501 頁。
⑤ 周法高編撰：《金文詁林補》（第四冊卷七、八），臺北："中央研究院"歷史語言研究所 1982 年版，第 2575 頁。

（四）“史帶受（授）王令（命）書”爲“主語＋動詞＋雙賓語”結構

史帶受（授）王令（命）書。王乎（呼）史減册易（賜）褱。（《褱盤》，
《集成》10172，西周晚期）

白川靜①曰：“册命のとき命書を授受することは、免段に‘王受作册尹書、卑册命免’、また頌鼎にも‘尹氏受王命書、王乎史虢生册命頌’とあり、册命の書は作册より王へ、王からまた史官に渡されてよみあげられたものであった。”

朱其智按：按照白川靜的釋讀，“史帶受（授）王令（命）書”中“王”和“令（命）書”是雙賓語，命書從“史帶”傳遞到“王”那裏，是“史帶”把“令（命）書”給“王”。同理，“尹氏受王命書”和“王受作册尹書”也是雙賓語句。

參考文獻

［1］白川靜：《金文通釋》（第1～53輯），神戶：白鶴美術館昭和三十七至五十六年（1962—1981）版。

［2］陳夢家：《西周銅器斷代》（上），北京：中華書局2004年版。

［3］高明：《中國古文字學通論》，北京：北京大學出版社1996年版。

［4］郭寶鈞：《山彪鎮與琉璃閣》，北京：科學出版社1959年版。

［5］郭沫若：《兩周金文辭大系圖錄考釋》（下），上海：上海書店出版社1999年版。

［6］劉慶柱、段志洪、馮時主編：《金文文獻集成》，北京：綫裝書局2005年版。

［7］馬承源主編：《商周青銅器銘文選》（三），北京：文物出版社1988年版。

［8］裘錫圭、沈培：《二十世紀的漢語文字學》，劉堅主編：《二十世紀的中國語言學》，北京：北京大學出版社1998年版。

［9］容庚編著，張振林、馬國權摹補：《金文編》，北京：中華書局1985年版。

［10］唐蘭：《毛公鼎“朱韍、蔥衡、玉環、玉瑬”新解：駁漢人“蔥珩佩玉”說》，故宮博物院編：《唐蘭先生金文論集》，北京：紫禁城出版社1995年版。

［11］唐蘭：《用青銅器銘文來研究西周史：綜論寶雞市近年發現的一批青銅器的重要歷史價值》，故宮博物院編：《唐蘭先生金文論集》，北京：紫禁城出版社1995年版。

［12］吳大澂：《愙齋集古錄釋文賸稿》（下），丁佛言：《丁佛言手批愙齋集古錄》，天津：天津市古籍書店1990年版。

［13］吳閩生：《吉金文錄》（卷一），北京：中華書局（南宮邢氏藏板）1963年版。

［14］吳式芬：《攈古錄金文》（卷三之一），吳重憙刻本，光緒二十一年（1895）版。

［15］吳鎮烽：《金文人名研究》，《考古文選》，北京：科學出版社2002年版。

［16］吳鎮烽編著：《商周青銅器銘文暨圖像集成》，上海：上海古籍出版社2012年版；《商周青銅器銘文暨圖像集成續編》，上海：上海古籍出版社2016年版；《商周青銅器銘文暨圖像集成三編》，上海：上

---

① 白川靜：《金文通釋》（第29輯），神戶：白鶴美術館昭和四十五年（1970）版，第593頁。

海古籍出版社 2020 年版。

　[17] 許倬雲：《西周史》（增補本），北京：生活・讀書・新知三聯書店 2001 年版。

　[18] 楊樹達：《積微居金文說》（增訂本），北京：中華書局 1997 年版。

　[19] 應新、子敬：《陝西省城固、寶雞、藍田出土和收集的青銅器》，《文物》1966 年第 1 期。

　[20] 張政烺：《王臣簋釋文》，《張政烺文史論集》，北京：中華書局 2004 年版。

　[21] 張亞初：《殷周金文集成引得》，北京：中華書局 2001 年版。

　[22] 中國社會科學院考古研究所編：《殷周金文集成釋文》（第二卷），香港：香港中文大學中國文化研究所 2001 年版。

　[23] 周法高編撰：《金文詁林補》（第四冊卷七、八），臺北：“中央研究院”歷史語言研究所 1982 年版。

Exemplification and Notes of the Grammatical Research and the Inscriptions' Interpretation in *Kinbun Tsushaku* （《金文通釋》） by Shirakawa Shizuka （白川靜）

Zhu Qizhi

Abstract：This paper studies how Shirakawa Shizuka （白川靜） interpreted bronze inscriptions in *Kinbun Tsushaku* （《金文通釋》） grammatically. It does that from lexicon and syntax levels. On the lexicon level, it is included that whether "*baisheng* （*xing*）" ［百生（姓）］ is of a broad sense or a narrow sense, whether "*duige*" （對各） are names of two people or is one title of an officer, what the part of speech of "*hou*" （後） is, whether "*yu*" （遹） is a function word or a content word, whether "*ri*" （日） is a noun or an adverb. On the syntax level, it is contained that what the syntactic construction of "*bu sui* （*sui*）*bu yi*" ［不分（遂）不斐］ is, whether it's "*si* （*si*）*kou*" ［嗣（司）寇］ or "*si* （*si*）*xiu*" ［嗣（司）庥］, what the word order of rewards is, "*Shidai shou* （*shou*）*wang ling* （*ming*）*shu*" ［史帶受（授）王令（命）書］ is the construction of "$S + V + O_1 + O_2$". This paper at first fully affirms the achievements that Shirakawa Shizuka （白川靜） researched bronze inscriptions grammatically and offers more related evidences. Meanwhile as to his incorrect points, other scholar's better conclusions are quoted to correct them.

Key words：*Kinbun Tsushaku* （《金文通釋》）, grammar, interpretation

（中山大學/廣州南方學院）

戰國文字的勾廓訛變*

朱學斌

提　要　古文字的勾廓結構是古文字向現代漢字演變過渡階段的重要特徵之一。隨著古文字的不斷簡化，書寫字形時不再追求完全貼合原物，而是通過篩選外部輪廓的區別特徵而簡併其他內部構形。漢字的構形方式通過勾廓簡化之後，綫條化、記號化程度加重。到了今文字階段，許多勾廓結構解散爲筆畫，漢字理據性隨之減弱。戰國文字的勾廓結構作爲其中演變的中間產物，產生了許多訛變現象。本文由此對戰國文字勾廓結構的訛變現象進行分類闡釋，以促進對古文字構形演變的認識。

關鍵詞　戰國文字　勾廓結構　古文字　構形演變　訛字

一、引言

古文字的勾廓結構，指的是使用綫條勾描物象的特徵輪廓而對框架內部以封閉式筆畫留空。隨著綫條化程度的提高，漢字的象形程度也在不斷降低。從填實到勾廓的結構演變，呈現出漢字由“對實體的描摹轉變爲記憶表象的再現”的過程，由此“擺脫了物體具象的束縛，文字符號的抽象化程度迅速提高”。萬業馨指出：“勾廓並不是機械地捨去了填實的內部，所保留的不僅是輪廓的綫條，還有足以表現區別性特徵的部分。”① 具體而言，例如“虎”字突出頭部的利齒，而省去輪廓內體表的花紋；又如“象”字突出長鼻，“馬”字突出鬃毛（以三表示多），“豕”字突出大腹，“犬”字突出斂腹捲尾等。勾廓的產生是古文字綫條化的重要環節，通過有意識地類化相似部分（例如獸類的軀幹和四足）、簡省填實內容（加快書寫速度）、將物象的區別特徵用省簡出的特定勾廓來表達，都爲信源的編碼書寫和信宿的視覺加工提供了便利。

古文字勾廓的目的除了簡省象形，還有簡省肥筆，這類簡化現象被張振謙稱爲“空心化”②。唐蘭認爲“把筆畫太肥不便刀筆的地方，用雙鉤或較瘦的筆畫表現出來”，如此則會進一步加劇文字的綫條化，使筆畫“沒有肥細的歧異，和幾何裏的綫一樣”。③ 例如于省

---

　　*　本文爲上海市哲學社會科學規劃課題青年項目（項目編號：2023EYY001）、國家博士後第 73 批面上資助項目（項目編號：2023M731118）的階段性研究成果之一。

　　①　萬業馨：《應用漢字學概要》，北京：商務印書館 2012 年版，第 208 頁。

　　②　張振謙：《齊系文字研究》，北京：科學出版社 2019 年版，第 110 頁。

　　③　唐蘭：《古文字學導論》，濟南：齊魯書社 1981 年版，第 209 頁。

吾指出甲骨文的“旦”字在“契文下不填實者，契刻之便也”①。古文字構形的勾廓一方面爲漢字的書寫和演化提供了便利，另一方面也容易産生形近結構的訛混，例如戰國文字“才”字異寫迭出的重要原因之一就在於勾廓的訛變，最終導致古文字與現代漢字“才”在勾廓解散爲筆畫後的構形差異懸殊：

表 1　戰國文字“才”字的勾廓訛變

嚴式隸定	才	才	才	才	才	才	才	才	才
字形	中	セ	屮	屮	半	十	セ	セ	中
出處	《葛陵》零 90	《長臺關》1.14	《上博八·成王》2	《清華拾貳·不韋》24	《璽彙》2179	《清華伍·封許》2	《上博七·武王》1	《清華壹·保訓》11	《上博一·詩論》22

戰國文字常用字“才”的勾廓經常産生訛變，往往還疊加其他類型的訛變。例如省簡勾廓與弧筆訛混作セ形（《清華壹·保訓》11），附加飾筆、省簡勾廓與穿筆訛混作セ形（《上博七·武王》1），勾廓填實與省簡勾廓作十形（《清華伍·封許》2），衍生多餘勾廓作中形（《上博一·詩論》22）等。

戰國文字是古文字向今文字隸變承上啓下的重要階段。《說文解字敘》指出戰國時期“分爲七國，田疇異畝，車塗異軌，律令異法，衣冠異制，言語異聲，文字異形”，段玉裁認爲“言語異聲，文字異形”，即“各用其方俗語言，各用其私意省改之文字也。言語異聲則音韻歧，文字異形則體制惑，車同軌、書同文之盛於是乎變矣”。所以漢字構形到了戰國時期之後，其訛變達到了空前的複雜程度。勾廓作爲古文字綫條化演變的中間産物，在戰國文字中也産生了大量訛變。下文將按照戰國文字勾廓訛變的不同類型分別展開論述。

二、戰國文字勾廓封閉的訛混

表 2　戰國文字構件“爪”訛變爲“白”“目”形

嚴式隸定	色	受	爭	稻	淫	爰	爲	隱
字形	𢰅	𠬪	爭	稻	淫	爰	爲	隱
出處	《上博九·卜書》7	《睡虎地·日甲》107	《嶽麓壹·爲吏》85	《睡虎地·日乙》47	《睡虎地·語書》3	《睡虎地·封診》95	《上博三·仲弓》12	《睡虎地·秦律》156

戰國文字構件“爪”勾廓封閉後容易類化訛變形似“白”“目”之類構形，以秦文字爲多，例如“爲”字作𤓰形（《睡虎地·效律》27）。徐寶貴指出秦文字的構件“爪”有時

---

① 于省吾：《甲骨文字釋林》，北京：中華書局 1979 年版，第 24 頁。

會類化訛變爲🔲、🔲、🔲形①。訛變也有中間過渡形體，例如 "舀" 字作🔲形（《睡虎地·日甲》78 反），而且並非所有秦文字構件 "爪" 都有此訛變，例如 "爰" 字作🔲形（《睡虎地·日甲》50）。楚文字偶爾也有類似訛變，例如 "郢" 字作🔲形（《包山》167）。

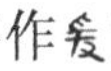

表 3　戰國文字構件 "己" 訛混爲 "巳"

嚴式隸定	已	起	記	起	改
依樣隸定	巳	起	記	�	改
字形	 🔲	🔲	🔲	🔲	🔲
出處	《仰天湖》25.12	《清華陸·子產》11a	《陶彙》3.448	《清華柒·越公》63	《郭店·緇衣》17

　　戰國文字 "己" 和 "巳" 同源而其形體經常訛混，其區別在於勾廓封口的有無。所以訛混爲 "巳" 的部件 "巳"，應該嚴式隸定還原爲 "己"。例如仰天湖楚簡的🔲形（《仰天湖》25.12）依樣隸定爲 "巳" 字，乃至被當成用如句號的標點符號②。其實此形來自 "已" 字，在遣策記錄的末尾出現，用以表示清單驗收 "完畢"。傳世文獻 "已" 這類用法可參考《史記·樗里子甘茂列傳》："蘇代許諾，遂致使於秦，已，因說秦王曰：'甘茂非常士也。'"③《戰國策·齊策二》："左右惡張儀，曰：'儀事先王不忠。'言未已，齊讓又至。"④ 從言的🔲形（《陶彙》3.448）依樣隸定爲 "記" 字⑤，嚴式隸定還原爲 "記" 字。

三、戰國文字形近勾廓的訛混

　　戰國文字構件的勾廓有時會類化訛變爲形近的構件。例如🔲形（《璽彙》3483）曾被不同學者分別隸定爲 "𤰞" 字⑥、"𤲮" 字⑦或 "發" 字⑧而未有定論，郭永秉認爲此字上部由 "兒" 訛變而來⑨，季旭昇認爲其中近似 "凶" 形的構件🔲是從🔲形訛變而來⑩，其說可從。

　　戰國文字形近勾廓的訛混還有可能影響釋讀。例如季旭昇認爲《詩經·小雅·沔水》

---

① 徐寶貴：《戰國璽印文字考釋七篇》，《考古與文物》1994 年第 3 期，第 103 – 105 頁。

② 何琳儀：《戰國文字通論》（訂補），上海：上海古籍出版社 2017 年版，第 310 頁。

③ 司馬遷：《史記》（卷七十一），北京：中華書局 1982 年版，第 2316 頁。

④ 何建章注釋：《戰國策注釋》，北京：中華書局 1990 年版，第 336 頁。

⑤ 曾憲通、陳偉武主編：《出土戰國文獻字詞集釋》（第 3 卷），北京：中華書局 2019 年版，第 1331 頁。何琳儀：《戰國古文字典：戰國文字聲系》，北京：中華書局 1998 年版，第 63 頁。

⑥ 施謝捷：《古璽彙考》，安徽大學博士學位論文，2006 年，第 57 頁。

⑦ 孫剛編纂：《齊文字編》，福州：福建人民出版社 2010 年版，第 216 頁。何琳儀：《戰國古文字典：戰國文字聲系》，北京：中華書局 1998 年版，第 1552 頁。莫小不、江吟：《鈢文印典》，杭州：西泠印社出版社 2021 年版，第 484 頁。

⑧ 陳光田：《戰國璽印分域研究》，長沙：嶽麓書社 2009 年版，第 78 – 79 頁。

⑨ 郭永秉：《睡虎地秦簡字詞考釋兩篇》，《古文字與古文獻論集》，上海：上海古籍出版社 2011 年版，第 231 – 232 頁。

⑩ 季旭昇：《兒字臆義》，鄭州大學古文字班系列講座，2022 年 11 月 5 日，第 7 頁。

的"洰"字在古文字的勾廓上容易相連如▨形（《石鼓文·汧殹》），這樣容易與"河"字混淆，因此，《左傳·僖公二十三年》《國語·晉語四》"詩義取河水朝宗於海"的"公子賦《河水》"中，《河水》是《洰水》之訛而非杜預注的"逸詩"，二者是同詩異名①。

表 4　戰國文字構件"土"訛混爲"立"

嚴式隸定	坤	坡	坰	莊	塥	涅	壖	坽	堵	堂
依樣隸定	竵	竷	竘、竘	莅	覎	泟	蠗	竧	踳	垈
從立字形	▨	▨	▨	▨	▨	▨	▨	▨	▨	▨
出處	《璽彙》1792	《清華貳·繫年》114	《璽彙》3019	《集粹》146	《璽彙》1532	《郭店·老甲》38	《璽圖》1715	《珍展》22	《璽彙》5655	《璽彙》5422

　　戰國文字偏旁"土"經常訛混爲"立"，二者中下部都可能有勾廓，主要區别在於"土"上部爲橫筆，而"立"上部近似∧形。此類訛混現象在三晉文字中常見，例如"坡"字從土作▨形（《集成·兆域圖》10478），從立作▨形（《璽彙》3256），依樣隸定爲"竷"字②。"坽"字從土作▨形（《璽彙》3340），從立作▨形（《珍展》22），依樣隸定爲"竧"字③。類似構形也有訛增輪廓，例如"堯"字異體"垚"寫爲▨形（《清華叁·良臣》1）。

　　所以，在辭例對勘可以驗證的情況下，在嚴式隸定中應該將混同爲"立"的"土"還原，以免造成誤解。例如從艸的▨形（《集粹》146）依樣隸定爲"莅"字④，嚴式隸定爲"莊"字。從申聲的▨形（《璽彙》1792）依樣隸定爲"竵"字⑤，嚴式隸定爲"坤"字。從旬聲的▨形（《璽彙》3019）依樣隸定爲"竘"字⑥或"竘"字⑦，嚴式隸定爲"坰"

　　① 季旭昇：《從〈孔子詩論〉"河水智"談〈詩經·小雅·洰水〉》，蔡先金主編：《中國簡帛學刊》（第四輯），北京：社會科學文獻出版社 2021 年版，第 33 頁。

　　② 李守奎、賈連翔、馬楠編：《包山楚墓文字全編》，上海：上海古籍出版社 2012 年版，第 399 頁。徐暢：《古璽印圖典》，天津：天津人民美術出版社 2016 年版，第 294 頁。李學勤主編，沈建華、賈連翔編：《清華大學藏戰國竹簡（壹—叁）文字編》，上海：中西書局 2014 年版，第 261 頁。曾憲通、陳偉武主編：《出土戰國文獻字詞集釋》（第 13 卷），北京：中華書局 2019 年版，第 6682 頁；《出土戰國文獻字詞集釋》（第 10 卷），北京：中華書局 2019 年版，第 5258 頁。李守奎編著：《楚文字編》，上海：華東師範大學出版社 2003 年版，第 599 頁。滕壬生：《楚系簡帛文字編》（增訂本），武漢：湖北教育出版社 2008 年版，第 895 頁。劉信芳編著：《楚簡帛通假彙釋》，北京：高等教育出版社 2011 年版，第 234 頁。徐在國、程燕、張振謙編著：《戰國文字字形表》，上海：上海古籍出版社 2017 年版，第 1830 – 1831 頁。湯餘惠主編：《戰國文字編》（修訂本），福州：福建人民出版社 2015 年版，第 694 頁。

　　③ 徐在國、程燕、張振謙編著：《戰國文字字形表》，上海：上海古籍出版社 2017 年版，第 1844 頁。

　　④ 湯志彪編著：《三晉文字編》，北京：作家出版社 2013 年版，第 89 頁。徐在國、程燕、張振謙編著：《戰國文字字形表》，上海：上海古籍出版社 2017 年版，第 47 頁。

　　⑤ 小林斗盦編，周培彥譯：《中國璽印類編》，天津：天津人民美術出版社 2004 年版，第 346 頁。曾憲通、陳偉武主編：《出土戰國文獻字詞集釋》（第 10 卷），北京：中華書局 2019 年版，第 5257 頁。黃德寬主編：《春秋文字字形表》，上海：上海古籍出版社 2017 年版，第 576 頁。徐在國、程燕、張振謙編著：《戰國文字字形表》，上海：上海古籍出版社 2017 年版，第 1830 頁。湯餘惠主編：《戰國文字編》（修訂本），福州：福建人民出版社 2015 年版，第 696 頁。

　　⑥ 曾憲通、陳偉武主編：《出土戰國文獻字詞集釋》（第 13 卷），北京：中華書局 2019 年版，第 6699 頁。

　　⑦ 徐暢：《古璽印圖典》，天津：天津人民美術出版社 2016 年版，第 306 頁。徐在國、程燕、張振謙編著：《戰國文字字形表》，上海：上海古籍出版社 2017 年版，第 1833 頁。湯餘惠主編：《戰國文字編》（修訂本），福州：福建人民出版社 2015 年版，第 697 頁。

字，寬式隸定爲"均"字。從視的 ▨ 形（《璽彙》1532）依樣隸定爲"䀫"字①，嚴式隸定爲"㖪"字。從沓聲的 ▨ 形（《璽彙》5655）依樣隸定爲"踏"字②，嚴式隸定爲"㙮"字。從裏聲的 ▨ 形（《璽圖》1715）依樣隸定爲"壤"字③，嚴式隸定爲"壞"字。

　　但是戰國文字偏旁"立"和"土"並非完全替換，例如"塊"字作 ▨ 形（《璽彙》1695），辭例"亡塊"用爲人名即讀爲"無畏"，其構件"立"若隸定爲"塊"，則易造成同形字的誤解。又如"竭"字作 ▨ 形（《璽彙》3003），用爲人名時不是非要改隸定爲"堨"字④。

表5　戰國文字構件"虫"訛混爲"它"

寬式隸定	蜀	蠿	夏	夏	蝛	虺	地	蝍	蟀
嚴式隸定	蜀	蠿	虽	顕	蝛	虺	地	蝍	蟗
依樣隸定	蛇	蠿	昆	顕	蛇	虺	坨	蛇	蛇
字形	▨	▨	▨	▨	▨	▨	▨	▨	▨
出處	《上博六·季桓》15	《天星觀·遣策》	《上博二·民之》1	《葛陵·乙一》19	《璽彙》1446	《安大一·詩經》7	《清華貳·繫年》16	《天星觀·遣策》	《安大一·詩經》103

　　戰國文字構件"虫""它"原本差異明顯，中部勾廓的有無是二者的關鍵區別特徵，可參考"蛇"字作 ▨ 形（《睡虎地·日甲》74背）。戰國文字構件"虫"多作 ▨ 形（《上博八·蘭賦》3），或在豎筆中部增加橫畫作 ▨ 形（《璽彙》1099）。

　　構件"虫"有時在勾廓的結合部會訛混爲"它"形。例如"虽"字訛混爲 ▨ 形（《上博二·民之》1），依樣隸定爲"昆"字⑤；"顕"字訛混爲 ▨ 形（《葛陵·乙一》19），依樣隸定爲"顕"字⑥，二者寬式隸定均爲"夏"字。漢代仍有"蠿"字訛混爲"蠿"字

　　① 徐在國、程燕、張振謙編著：《戰國文字字形表》，上海：上海古籍出版社2017年版，第1839頁。

　　② 白於藍主編：《先秦璽印陶文貨幣石玉文字彙纂》，福州：福建人民出版社2021年版，第551頁。徐在國、程燕、張振謙編著：《戰國文字字形表》，上海：上海古籍出版社2017年版，第1444頁。湯餘惠主編：《戰國文字編》（修訂本），福州：福建人民出版社2015年版，第695頁。湯志彪編著：《三晉文字編》，北京：作家出版社2013年版，第1516頁。小林斗盦編，周培彥譯：《中國璽印類編》，天津：天津人民美術出版社2004年版，第347頁。曾憲通、陳偉武主編：《出土戰國文獻字詞集釋》（第10卷），北京：中華書局2019年版，第5273頁。黃德寬主編：《古文字譜系疏證》（四），北京：商務印書館2007年版，第3842頁。徐文鏡編著：《古籀彙編》，上海：上海書店出版社1998年版，第343頁。

　　③ 許雄志編著：《秦印文字彙編》，鄭州：河南美術出版社2001年版，第599頁。徐暢：《古璽印圖典》，天津：天津人民美術出版社2016年版，第85頁。

　　④ 曾憲通、陳偉武主編：《出土戰國文獻字詞集釋》（第13卷），北京：中華書局2019年版，第6707頁。

　　⑤ 饒宗頤主編：《上博藏戰國楚竹書字彙》，合肥：安徽大學出版社2012年版，第324頁。曾憲通、陳偉武主編：《出土戰國文獻字詞集釋》（第5卷），北京：中華書局2019年版，第2688頁。滕壬生：《楚系簡帛文字編》（增訂本），武漢：湖北教育出版社2008年版，第527頁。劉信芳編著：《楚簡帛通假彙釋》，北京：高等教育出版社2011年版，第205頁。徐在國、程燕、張振謙編著：《戰國文字字形表》，上海：上海古籍出版社2017年版，第731頁。

　　⑥ 張新俊、張勝波編著：《新蔡葛陵楚簡文字編》，成都：巴蜀書社2008年版，第105、106頁。曾憲通、陳偉武主編：《出土戰國文獻字詞集釋》（第5卷），北京：中華書局2019年版，第2688頁。劉信芳編著：《楚簡帛通假彙釋》，北京：高等教育出版社2011年版，第204頁。徐在國、程燕、張振謙編著：《戰國文字字形表》，上海：上海古籍出版社2017年版，第730頁。

的，例如𤕩形（《馬王堆帛書·陰陽五行甲篇·道》5.7）、𧑙形（《印典四》2673）等。構件"虫"訛混爲"它"不僅發生在部件層次，還發生在偏旁內的組件層次。例如"蟀"字部件"虫"繁化从"蚰"作𧔥形（《安大一·詩經》103），其部件"蚰"左側的組件"虫"訛變爲"它"，右側的組件"虫"仍保持原形。

　　由此舉一反三，可以解決戰國文字構件"它"的一系列釋讀問題。例如𤕱形（《璽彙》1446）依樣隸定爲"毲"字①則不辭，其聲旁明顯爲"取"，所以應嚴式隸定爲"蚖"字②。同理，𤕷形（《天星觀·遣策》）依樣隸定爲"𤕸"字③，其聲旁明顯爲"則"，所以應嚴式隸定爲"蝍"字；再對照傳抄古文"蠁"字寫爲𧒭形而隸定爲"蝍"字（《汗簡》6.72 記），可知此字寬式隸定爲"蠁"字。

表 6　戰國文字構件"攵"訛混似"民"

嚴式隸定	民	各	貉	雺	露	峇	備	鄮
字形	𢆶	𢼸	𧱊	𩆵	𩃒	𪊨	𤰈	𨙞
出處	《集成·魚顛匕》980	《璽彙》3355	《陶彙》3·1056	《璽彙》2641	《璽彙》2276	《璽考》96	《璽彙》1097	《璽彙》2139

　　戰國文字構件"攵"如果封閉勾廓的開口，則易訛混爲"民"。例如"各"字從𢓵形（《望山》1.117）到𢼸形（《璽彙》3355）的演變。

表 7　戰國文字構件"次"訛混爲"鳥"

嚴式隸定	歓	歓	歓	欽	欽
字形	𣢵	𣢲	𣢳	𣢴	𣢵
出處	《郭店·唐虞》22	《郭店·唐虞》3	《郭店·唐虞》15	《上博六·天甲》8	《上博六·天乙》7

　　戰國文字構件"次"有時訛混爲"鳥"，由上部勾廓移至上部銜接處形成，可參考

　　① 徐文鏡編著：《古籀彙編》，上海：上海書店出版社 1998 年版，第 374 頁。湯志彪編著：《三晉文字編》，北京：作家出版社 2013 年版，第 1780 頁。小林斗盦編，周培彥譯：《中國璽印類編》，天津：天津人民美術出版社 2004 年版，第 390 頁。曾憲通、陳偉武主編：《出土戰國文獻字詞集釋》（第 13 卷），北京：中華書局 2019 年版，第 6649 頁。黃德寬主編：《古文字譜系疏證》（二），北京：商務印書館 2007 年版，第 1056 頁。徐暢：《古璽印圖典》，天津：天津人民美術出版社 2016 年版，第 328 頁。徐在國、程燕、張振謙編著：《戰國文字字形表》，上海：上海古籍出版社 2017 年版，第 1819 頁。湯餘惠主編：《戰國文字編》（修訂本），福州：福建人民出版社 2015 年版，第 790 頁。何琳儀：《戰國古文字典：戰國文字聲系》，北京：中華書局 1998 年版，第 387 頁。

　　② 高明、涂白奎編著：《古文字類編》（增訂本），上海：上海古籍出版社 2008 年版，第 959 頁。

　　③ 湯餘惠主編：《戰國文字編》（修訂本），福州：福建人民出版社 2015 年版，第 874 頁。曾憲通、陳偉武主編：《出土戰國文獻字詞集釋》（第 13 卷），北京：中華書局 2019 年版，第 6649 頁。李守奎編著：《楚文字編》，上海：華東師範大學出版社 2003 年版，第 756 頁。滕壬生：《楚系簡帛文字編》（增訂本），武漢：湖北教育出版社 2008 年版，第 1114 頁。徐在國、程燕、張振謙編著：《戰國文字字形表》，上海：上海古籍出版社 2017 年版，第 1819 頁。

"歙"字從 形（《上博五・弟子》11）到 形（《郭店・唐虞》22）的演變。因爲戰國文字構件"次"對應今文字多與"欠"相訛混，因此嚴式隸定仍將此類訛混構件對應爲"欠"。

表 8　戰國文字構件"卯"訛混爲"𠈌"

嚴式隸定	留	留	留	留	留	留	留	貿	貿
依樣隸定	㗊	㗊	㗊	㗊	㗊	㗊	㗊	𨦡	𨦡
字形	𥁕	𥁕	𥁕	𥁕	𥁕	𥁕	𥁕	𧴩	𧴩
出處	《璽彙》398	《璽彙》731	《璽彙》920	《璽彙》1204	《璽彙》1960	《璽彙》2870	《璽彙》3192	《璽彙》3257	《璽彙》2310

　　戰國文字構件"卯"，在璽印文字中，其勾廓容易訛混爲"𠈌"形，具體而言是構件"卯"的勾廓兩端出筆，例如"留"字由 形（《三晉》92）訛變爲 形（《璽彙》920），依樣隸定爲"㗊"字①。又如"貿"字訛變的 形（《璽彙》2310）依樣隸定爲"𨦡"字②。

四、戰國文字勾廓填實的訛混

　　戰國文字有時把某個字所從偏旁的封閉式構件（勾廓）用填實法寫出，導致與另一個構件形近。戰國文字有些勾廓填實衍生肥筆的訛混較爲常見，例如表 9 提及的構件"口"訛混爲"山"③。

表 9　構件"口"訛混爲"山"

嚴式隸定	闆	詎	壽	海	碧	詹	瘔	喬	青	各	郤
字形	𣂧	𧮪	𦔮	𤅬	瑝	𧮫	𤵜	𩱛	𦭧	𠁡	𨛷
出處	《陶錄》2.13.1	《璽彙》5282	《璽彙》5630	《璽彙》3515	《陶字》171	《璽彙》5456	《吉大》41	《璽彙》1237	《陶彙》4.23	《璽彙》5308	《珍戰》20

　　① 張泰康：《〈古璽彙編〉補編》，天津師範大學碩士學位論文，2021 年，第 168、219 頁。小林斗盦編，周培彥譯：《中國璽印類編》，天津：天津人民美術出版社 2004 年版，第 47 頁。徐在國、程燕、張振謙編著：《戰國文字字形表》，上海：上海古籍出版社 2017 年版，第 1876 頁。莫小不、江吟：《鉨文印典》，杭州：西泠印社出版社 2021 年版，第 82 頁。湯志彪編著：《三晉文字編》，北京：作家出版社 2013 年版，第 1838 頁。
　　② 徐在國、程燕、張振謙編著：《戰國文字字形表》，上海：上海古籍出版社 2017 年版，第 861 頁。湯志彪編著：《三晉文字編》，北京：作家出版社 2013 年版，第 894 頁。小林斗盦編，周培彥譯：《中國璽印類編》，天津：天津人民美術出版社 2004 年版，第 48、191 頁。
　　③ 李家浩：《燕國"𣵠谷山金鼎瑞"補釋》，中國文字編輯委員會編：《中國文字》（新廿四期），臺北：藝文印書館 1998 年版，第 71－81 頁；李家浩：《著名中年語言學家自選集・李家浩卷》，合肥：安徽教育出版社 2002 年版，第 148－154 頁。下同。

　　戰國文字構件“口”訛變爲“山”是框架訛變之後再填實勾廓的結果，容易發生於璽文、陶文中。構件“口”經常與上部豎畫相連，但書寫時容易順帶將橫畫寫爲折筆，即從“凵”訛變爲“凶”形，例如“言”字下部訛變爲彡形（《嶽麓叁·爲獄》70）。在此基礎上將其勾廓填實就訛變爲構件“山”，例如𥝲形（《陶錄》2.13.1）可視爲𥠴形（《齊陶》81）的勾廓填實。這類勾廓訛混有時會被依樣隸定，例如𢓜形（《璽彙》5308）依樣隸定爲“峉”字①，嚴式隸定爲“各”字。又如𢓜形（《珍戰》20）依樣隸定爲“郤”字②，嚴式隸定爲“郤”字。從“口”到“山”的訛變還可以發生於飾符中，例如“夆”字從𡴴形（《包山》15反）到𡴴形（《璽彙》5556）的訛變。

表10　構件“云”訛混爲“巳”

嚴式隸定	雲	云	酝	芸	芸	邜	剙
依樣隸定	雲	巳	配	芑	芑		
字形	雲	乀	酙	芏	芏	邜	剙
出處	《天星觀·卜筮》	《郭店·緇衣》35	《清華拾壹·五紀》106	《集成·鄂君啓舟節》12113	《上博二·容成》42	《包山》191	《清華拾叁·樂風》6

　　戰國文字構件“云”有時會填實勾廓從而訛混爲“巳”形。“云”字原作𠄞形（《璽彙》4877）或𠄞形（《睡虎地·封診》40），楚文字構件“云”或將上部“二”形構件衍生勾廓，例如“云”字作乀形（《郭店·緇衣》35）。這類勾廓如果被填實就容易與“巳”訛混，例如“酝”字作酙形（《清華拾壹·五紀》106）。

表11　與構件“配”有關的勾廓填實

嚴式隸定	配	配	配	肥	肥	肥	䄸	軛	軛
字形	酙	酙	酙	肥	肥	肥	䄸	軛	軛
出處	《清華拾·四告》38	《葛陵》零92	《清華拾貳·不韋》15	《包山》250	《秦家嘴》13.1	《天星觀·卜筮》	《望山》2.13	《璽彙》3517	《清華貳·繫年》102

---

　　①　莫小不、江吟：《鉨文印典》，杭州：西泠印社出版社2021年版，第567頁。小林斗盦編，周培彥譯：《中國璽印類編》，天津：天津人民美術出版社2004年版，第310頁。何琳儀：《戰國古文字典：戰國文字聲系》，北京：中華書局1998年版，第1556頁。

　　②　張泰康：《〈古璽彙編〉補編》，天津師範大學碩士學位論文，2021年，第143頁。徐暢：《古璽印圖典》，天津：天津人民美術出版社2016年版，第257頁。莫小不、江吟：《鉨文印典》，杭州：西泠印社出版社2021年版，第381頁。

戰國文字與“配”相關的構件有時會產生勾廓填實的訛混。這類構件現在類化爲“巴”或“己”。類化爲“巴”，例如“肥”字右部填實作 形（《包山》250），半填實作 形（《秦家嘴》13.1），全勾廓作 形（《天星觀·卜筮》）。類化爲“己”，例如“配”字填實作 形（《葛陵》零92），勾廓作 形（《清華拾·四告》38）。陳劍根據這類勾廓填實特徵，將 形（《郭店·忠信》5）釋爲从人从配省聲，對應“配偶”的“配”專字①。

表12　戰國文字勾廓填實的其他用例

嚴式隸定	與	楚	遷	爲	宮	均	均
字形	𡘋	𣏾	遷	爲	宮	均	遷
出處	《郭店·老甲》36	《陶録》2.390.4	《璽彙》1490	《上博七·君乙》5	《秦》2000	《陶録》2.20.4	《陶録》2.9.4

戰國文字還有勾廓填實的其他情況，例如“遷”字由 形（《璽考》328）勾廓填實爲 形（《璽彙》1490），其上部構件“卯”勾廓訛混爲“卵”。

五、戰國文字的衍生勾廓

戰國文字的勾廓衍生，有時是將勾廓延伸到臨近筆畫，例如“民”字有作 形（《上博九·舉治》7）。以下是戰國文字相對常見的衍生勾廓情況：

表13　戰國文字構件“疒”的衍生勾廓

嚴式隸定	疾	瘖	癰	疕	瘠	癭	痌	痎
字形	疾	瘖	癰	疕	瘠	癭	痌	痎
出處	《清華壹·程寤》5	《葛陵·甲三》198	《清華貳·繫年》54	《包山》8	《葛陵·甲二》28	《包山》102	《清華伍·命訓》4	《包山》3

戰國文字構件“疒”衍生了大量勾廓結構。例如“疾”字作 形（《集成·十三年上官鼎》2590）與作 形（《包山》221）的區別。“疾”字的《說文》古文𤕫還保留了勾廓結構。

---

① 陳劍：《釋〈忠信之道〉的“配”字》，復旦大學出土文獻與古文字研究中心網，http://www.fdgwz.org.cn/Web/Show/343，2008年2月20日。

表 14　戰國文字構件"爿"的衍生勾廓

嚴式隸定	牂	酒	牆	壯	牀	塼	牆	牆	寢
字形	（字形）	（字形）	（字形）	（字形）	（字形）	（字形）	（字形）	（字形）	（字形）
出處	《清華拾壹·五紀》100	《天星觀·卜筮》	《上博一·詩論》28	《望山》1.176	《上博六·季桓》9	《包山》15	《安大二·曹沫》35	《上博二·容成》17	《包山》146

戰國文字構件"爿"衍生了大量勾廓結構，這與構件"疒"相類似。例如"牀"字作牀形（《包山》260）與牀形（《上博六·季桓》9）的區別。有的勾廓結構正倒並立，例如"牆"字作牆形（《郭店·老甲》21）。

表 15　戰國文字構件"阜"的衍生勾廓

寬式隸定	升	陵	地	降	陽	陳	陟
嚴式隸定	阩	陵	地	降	陽	陳	陟
依樣隸定	阩	陸	埅	降	陽	墜	陟
帶勾廓字形	（字形）	（字形）	（字形）	（字形）	（字形）	（字形）	（字形）
出處	《包山》71	《清華柒·越公》34a	《清華陸·管仲》27	《清華捌·八氣》1b	《包山》125	《上博七·吳命》8	《清華柒·越公》22
不帶勾廓	（字形）	（字形）	（字形）	（字形）	（字形）	（字形）	（字形）
字形出處	《包山》59	《葛陵·甲三》216	《包山》219	《清華伍·厚父》2	《清華叁·祝辭》4	《璽彙》281	《清華叁·良臣》2

戰國文字構件"阜"時常會衍生勾廓，例如"進"字作進形（《安大二·仲尼》12）。戰國文字構件"阜"帶不帶勾廓的構形都很常見，例如"陟"字作陟形（《清華柒·越公》22）和作陟形（《清華叁·良臣》2）的區別。有時勾廓以貫穿的連筆表現，例如"阩"字作阩形（《包山》71）。

表 16　戰國文字"阜"形構件的半衍生勾廓

嚴式隸定	變	牆	誠	塼	嬲	寢	牆	擇	塼
字形	（字形）	（字形）	（字形）	（字形）	（字形）	（字形）	（字形）	（字形）	（字形）
出處	《包山》91	《上博二·容成》38	《包山》42	《包山》176	《上博三·周易》50	《包山》260	《包山》170	《葛陵·乙一》4	《包山》205

戰國文字構件"阜"有時只衍生了一半的勾廓，構形上部的半衍生勾廓例如"陼"字作❀形（《上博二‧容成》38），構形下部的半衍生勾廓例如"壁"字作❀形（《包山》42）。與部件"阜"構形相關的部件"鬥"也會產生這類半衍生勾廓，例如"鬭"字作❀形（《上博三‧周易》50），其右部構形相對左部就未完全衍生勾廓。

表17　戰國文字構件"工"的衍生勾廓

嚴式隸定	工	江	祭	攻	左	江	右	杠	差
字形	工	江	祭	攻	左	江	右	杠	差
出處	《上博三‧彭祖》5	《天星觀‧卜筮》	《葛陵‧甲三》309	《清華拾貳‧不韋》10	《曾侯乙》16	《上博七‧吳命》5	《曾侯乙》39	《曾侯乙》174	《曾侯乙》120

戰國文字構件"工"時常會衍生勾廓作五形，例如"攻"字作❀形（《集成‧攻敔王光戈》11151，春秋晚期），其聲旁"工"下部就有衍生勾廓如底座。裘錫圭和李家浩認爲其產生的原因在於將部件"工"中部的竪筆改用勾廓法寫出①，例如"左"字作❀形（《曾侯乙》16），"攻"字作❀形（《曾侯乙》152）。

戰國文字部件"工"衍生的勾廓分爲上尖下闊，上闊下尖，以及上下尖、中間闊三種類型。上文提及的上尖下闊，例如"杠"字作❀形（《曾侯乙》174），有時勾廓左下部有所放開如"人"形，例如"攻"字作❀形（《上博四‧相邦》3）。除此之外，還存在上闊下尖，例如"工"字作工形（《上博三‧彭祖》5），以及上下尖、中間闊，例如"攻"字作❀形（《秦家嘴》99.14）。這從側面證明了這類構形屬於衍生的勾廓。

表18　戰國文字構件"巠"的衍生勾廓

嚴式隸定	絜	頸	頸	涇	經	經
依樣隸定	絜	顗	顗	潛	經	經
字形	絜	頸	頸	涇	經	經
出處	《上博一‧緇衣》15	《曾侯乙》9	《曾侯乙》78	《清華玖‧成人》8	《包山》268	《曾侯乙》64

與部件"工"類似，戰國文字部件"巠"下方類似"工"的構件變形音化爲"壬"之後，省略了長筆中部的短筆，例如"絜"字作❀形（《上博一‧緇衣》15），而其他情況存在勾廓結構的類化訛變。

又如戰國文字"頸"字有作❀形（《曾侯乙》9）或❀形（《曾侯乙》78）的，有的論著

---

① 湖北省博物館編：《隨縣曾侯乙墓》，北京：文物出版社1980年版，第501頁。

因爲忽略了下方的勾廓結構⼯和⼯是“工”形演變的勾廓結構，誤以爲是截取“工”替換爲“口”而隸定爲“頭”字①。類似的結構可參照“湮”字作⿰形（《清華玖·成人》8），依樣隸定爲“澶”字②，“工”形演變的勾廓結構與上方構件“㡠”產生了類化而並非截取替換，構件“口”應視爲飾符，所以嚴式隸定仍爲“湮”字。

表 19　戰國文字構件“少”的衍生勾廓

嚴式隸定	少	少	少	雀	雀	小人-
字形	少	少	少	雀	雀	小人
出處	《郭店·五行》43	《郭店·緇衣》10	《集成·兆域圖》10478	《郭店·緇衣》28	《郭店·尊德》2	《郭店·尊德》25

戰國文字構件“少”的衍生勾廓有時跟構件“少”的發筆有關，其中部豎筆和下部長筆之間容易圍出空隙，例如“少”字作少形（《包山》3）。

表 20　戰國文字其他衍生勾廓結構

嚴式隸定	甲	勿	埊	若	毚	要	毛	內	矦
字形	甲	勿	埊	若	毚	要	毛	內	矦
出處	《九店》56.39	《上博三·周易》1	《郭店·老乙》12	《清華拾叁·食禮》5	《上博二·子羔》1	《清華玖·成人》12	《清華拾叁·食禮》20	《郭店·語一》20	《清華陸·子儀》4

戰國文字其他構件也有可能衍生勾廓結構，例如“埊”字作埊形（《郭店·老乙》12），所從構件“土”下部中空。“毚”字作毚形（《上博二·子羔》1），所從構件“毛”下部中空。有時衍生勾廓結構源於類化訛變，例如“甲”字框架內部“十”形組件衍生勾廓衍變，因而“才”作才形（《九店》56.38）。有時衍生勾廓結構容易影響釋讀，例如“勿”字衍生勾廓作勿形（《上博三·周易》1），近於“易”字。這些衍生的勾廓結構在嚴式隸定中都應省去。

① 李守奎編著：《楚文字編》，上海：華東師範大學出版社 2003 年版，第 534 頁。滕壬生：《楚系簡帛文字編》（增訂本），武漢：湖北教育出版社 2008 年版，第 798 頁。

② 清華大學出土文獻研究與保護中心編，黃德寬主編：《清華大學藏戰國竹簡》（玖），上海：中西書局 2019 年版，第 255 頁。

附論　戰國文字構件 "土" 的存古勾廓

依樣隸定	堂	坐	垂	壎	城
字形					
出處	《璽彙》3666	《陶錄》2.744.1	《璽彙》209	《齊陶》778	《銘圖·工城戈》16965

在分析時要注意並非所有戰國文字構形非常規勾廓都是後來衍生的產物，例如構件 "土" 除了前文所提及訛混爲勾廓形近的 "立" 以外，還有一類構形異體帶有勾廓，例如 "城" 字作形 （《銘圖·工城戈》16965）。張振謙認爲這類衍生勾廓是由筆畫交界處連寫的實心三角形與最下端橫畫所組成[1]，但其實 "土" 字這類構形早已出現，甲骨文例如形 （《合集》8490，賓組）、形 （《合集》6399，賓組）、形 （《合集》32118，歷組） 等，西周金文例如形 （《集成·卻智簋》4197） 等。所以這類構形應釋爲存古而非連寫所造成。

參考文獻

［1］安徽大學漢字發展與應用研究中心編，黃德寬、徐在國主編：《安徽大學藏戰國竹簡》（一），上海：中西書局 2019 年版。（簡稱：安大一）

［2］安徽大學漢字發展與應用研究中心編，黃德寬、徐在國主編：《安徽大學藏戰國竹簡》（二），上海：中西書局 2022 年版。（簡稱：安大二）

［3］戴亞東：《長沙仰天湖第 25 號木槨墓》，《考古學報》1957 年第 2 期。（簡稱：仰天湖 25）

［4］高明編著：《古陶文彙編》，北京：中華書局 1990 年版。（簡稱：陶彙）

［5］故宮博物院編，羅福頤主編：《古璽彙編》，北京：文物出版社 1981 年版。（簡稱：璽彙）

［6］河南省文物考古研究所編：《新蔡葛陵楚墓》，鄭州：大象出版社 2003 年版。（簡稱：葛陵）

［7］湖北省博物館編：《隨縣曾侯乙墓》，北京：文物出版社 1980 年版。（簡稱：曾侯乙）

［8］湖北省文物考古研究所、北京大學中文系編：《望山楚簡》，北京：中華書局 1995 年版。（簡稱：望山）

［9］吉林大學歷史系文物陳列室編：《吉林大學藏古璽印選》，北京：文物出版社 1987 年版。（簡稱：吉大）

［10］馬承源主編：《上海博物館藏戰國楚竹書》（一），上海：上海古籍出版社 2001 年版。（簡稱：上博一）

［11］馬承源主編：《上海博物館藏戰國楚竹書》（二），上海：上海古籍出版社 2002 年版。（簡稱：上博二）

［12］馬承源主編：《上海博物館藏戰國楚竹書》（三），上海：上海古籍出版社 2003 年版。（簡稱：上博三）

［13］馬承源主編：《上海博物館藏戰國楚竹書》（六），上海：上海古籍出版社 2007 年版。（簡稱：上博六）

---

① 張振謙：《齊系文字研究》，北京：科學出版社 2019 年版，第 110 頁。

［14］馬承源主編：《上海博物館藏戰國楚竹書》（七），上海：上海古籍出版社 2008 年版。（簡稱：上博七）

［15］馬承源主編：《上海博物館藏戰國楚竹書》（八），上海：上海古籍出版社 2011 年版。（簡稱：上博八）

［16］馬承源主編：《上海博物館藏戰國楚竹書》（九），上海：上海古籍出版社 2012 年版。（簡稱：上博九）

［17］彭浩主編，雷志雄、彭浩撰文：《郭店楚墓竹簡》，武漢：湖北美術出版社 2002 年版。（簡稱：郭店）

［18］清華大學出土文獻研究與保護中心編，李學勤主編：《清華大學藏戰國竹簡》（壹），上海：中西書局 2010 年版。（簡稱：清華壹）

［19］清華大學出土文獻研究與保護中心編，李學勤主編：《清華大學藏戰國竹簡》（貳），上海：中西書局 2011 年版。（簡稱：清華貳）

［20］清華大學出土文獻研究與保護中心編，李學勤主編：《清華大學藏戰國竹簡》（叁），上海：中西書局 2012 年版。（簡稱：清華叁）

［21］清華大學出土文獻研究與保護中心編，李學勤主編：《清華大學藏戰國竹簡》（伍），上海：中西書局 2015 年版。（簡稱：清華伍）

［22］清華大學出土文獻研究與保護中心編，李學勤主編：《清華大學藏戰國竹簡》（陸），上海：中西書局 2016 年版。（簡稱：清華陸）

［23］清華大學出土文獻研究與保護中心編，李學勤主編：《清華大學藏戰國竹簡》（柒），上海：中西書局 2017 年版。（簡稱：清華柒）

［24］清華大學出土文獻研究與保護中心編，黃德寬主編：《清華大學藏戰國竹簡》（玖），上海：中西書局 2019 年版。（簡稱：清華玖）

［25］清華大學出土文獻研究與保護中心編，黃德寬主編：《清華大學藏戰國竹簡》（拾），上海：中西書局 2020 年版。（簡稱：清華拾）

［26］清華大學出土文獻研究與保護中心編，黃德寬主編：《清華大學藏戰國竹簡》（拾壹），上海：中西書局 2021 年版。（簡稱：清華拾壹）

［27］清華大學出土文獻研究與保護中心編，黃德寬主編：《清華大學藏戰國竹簡》（拾貳），上海：中西書局 2022 年版。（簡稱：清華拾貳）

［28］清華大學出土文獻研究與保護中心編，黃德寬主編：《清華大學藏戰國竹簡》（拾叁），上海：中西書局 2023 年版。（簡稱：清華拾叁）

［29］施謝捷：《古璽彙考》，安徽大學博士學位論文，2006 年。（簡稱：璽考）

［30］睡虎地秦墓竹簡整理小組編：《睡虎地秦墓竹簡》，北京：文物出版社 1990 年版。（簡稱：睡虎地）

［31］王恩田：《陶文圖錄》，濟南：齊魯書社 2006 年版。（簡稱：陶錄）

［32］吳鎮烽編著：《商周青銅器銘文暨圖像集成》，上海：上海古籍出版社 2012 年版。（簡稱：銘圖）

［33］武漢大學簡帛研究中心、河南省考古文物研究所編著：《楚地出土戰國簡冊合集（二）：葛陵楚墓竹簡、長臺關楚墓竹簡》，北京：文物出版社 2013 年版。（簡稱：長臺關）

［34］武漢大學簡帛研究中心、湖北省文物考古研究所編：《楚地出土戰國簡冊合集（五）：九店楚墓竹書》，北京：文物出版社 2021 年版。（簡稱：九店 56）

［35］武漢大學簡帛研究中心、湖北省文物考古研究所編：《楚地出土戰國簡冊合集（六）：包山楚墓竹簡》，北京：文物出版社 2024 年版。（簡稱：包山）

［36］蕭春源編：《珍秦齋古印展》，澳門：澳門市政廳 1993 年版。（簡稱：珍展）

［37］蕭春源主編：《珍秦齋藏印：戰國篇》，澳門：澳門基金會 2001 年版。（簡稱：珍戰）

［38］徐暢：《古璽印圖典》，天津：天津人民美術出版社 2016 年版。（簡稱：璽圖）

［39］徐在國編著：《新出齊陶文圖錄》，北京：學苑出版社 2014 年版。（簡稱：齊陶）

［40］晏昌貴：《秦家嘴"卜筮祭禱"簡釋文輯校》，《湖北大學學報》（哲學社會科學版）2005 年第 1 期。（簡稱：秦家嘴）

［41］晏昌貴：《天星觀"卜筮祭禱"簡釋文輯校》，丁四新主編：《楚地簡帛思想研究》（二），武漢：湖北教育出版社 2005 年版。（簡稱：天星觀）

［42］中國社會科學院考古研究所編：《殷周金文集成》（修訂增補本），北京：中華書局 2007 年版。（簡稱：集成）

［43］朱漢民、陳松長編：《嶽麓書院藏秦簡》（壹），上海：上海辭書出版社 2010 年版。（簡稱：嶽麓壹）

The Distortion of the Outline of Warring States Script

Zhu Xuebin

Abstract：The outline structure of ancient Chinese characters is one of the important features of the transition stage from ancient Chinese characters to modern Chinese characters. With the continuous development of simplification of ancient Chinese characters, when writing character shapes, there is no longer a pursuit of completely conforming to the original object, but rather simplifying other internal structures by screening the distinguishing features of external contours. After simplifying the structure of Chinese characters through outlining, the degree of line marking is increased. At this stage of writing, many outline structures have dissolved into strokes, and the motivation of Chinese characters has decreased accordingly. The outline structure of Warring States script, as an intermediate product of its evolution, has resulted in many erroneous phenomena. This article classifies and explains the phenomenon of erroneous changes in the outline structure of Warring States script, in order to promote further understanding of the evolution of ancient character structures.

Key words：Warring States script, outline structure, ancient Chinese characters, morphological evolution, erroneous characters

（華東師範大學中國語言文學系）

試論戰國文字"閒"與"卜"的關係

李 娟

提 要 戰國文字"閒"多見從卜者,一般認爲是楚系文字的特殊形體。從門從外的"閞"當以"卜"爲表意偏旁,並非文字演變過程中增繁無意義部件的現象。"閞"或爲從月之"閒"理據重構之後的形體。本從月的"閒"與從卜的"閞"在戰國時期混同,卻是兩種不同來源的文字,在文獻中用爲異形詞。此外,戰國時期的卜形大多出現在楚文字中,這與楚人的崇巫文化有關。

關鍵詞 閒 卜 理據重構 異形詞 楚文化

楚系文字中的"閒"寫作"閞"①,學者們一般按異體字來處理二者之間的關係,少有論及從"閒"到"閞"的字形演變,且尚未見有研究從"閞"的構件"卜"入手探討"閞"的音義來源。

許慎《說文解字》(以下簡稱《說文》)②:"閒,隙也。從門從月。徐鍇曰:'夫門夜閉,閉而見月光,是有閒隙也。'古閑切。𨳡,古文閒。"《說文》從文字形體出發,以"隙"爲"閒"之本義是可信的,另以從外的"閞"爲"閒"之古文,可見從外的"閞"在東漢時就已經是一種較爲存古的寫法。高田忠周認爲從月和從外的"閒"並爲會意字③,似以從外者表月光由門外而入會意。戴家祥的觀點與高田忠周類似,他認爲"閞"與金文中從月在門上的"閒"有著相同的構意,示月從門外進入義。何琳儀將從外的"閒"列爲楚文字的特殊形體。④ 值得注意的是,何認爲戰國文字加"卜"爲增繁的無意義偏旁。⑤ 林沄從甲骨文辭例入手,探討"卜"和"外"之間的關係:"卜"在甲骨文中還可以用作"外",二者爲同形異義詞。可見,後起"外"中的"卜"是有意義的偏旁,何琳儀的觀點有誤。

爲便於討論,下文以卜₁表示占卜之卜,以卜₂表外。卜₂與卜₁有詞義引申的關係,按林沄的分析,二者皆與龜甲灼燒後形成的裂痕有關:卜₁原本爲裂痕的象形,後引申爲占卜義;卜₂則指裂痕形成之後的方向,卜₁和卜₂的詞義是由同一事物從不同角度引申出來的。

---

① 下文非必要時"閞"依然寫作"閒"。
② 許慎:《說文解字》,北京:中華書局2013年版,第249頁。
③ 李圃編:《古文字詁林》(第九冊),上海:上海教育出版社2004年版,第543頁。
④ 何琳儀:《戰國文字通論》(訂補),上海:上海古籍出版社2017年版,第212頁。
⑤ 何琳儀:《戰國文字通論》(訂補),上海:上海古籍出版社2017年版,第269–270頁。

從卜月聲的“外”爲卜₂的後起形聲字，至於卜₁和卜₂是否還存在語音上的聯繫，不得而知。林澐以卜、外讀音不同①，似可商榷。

一、古文“閒”的字形梳理②和分析

古文“閒”最早見於西周晚期金文𩁶（《龢鐘》，《集成》260），從月在門上。同時期的這類寫法僅見此一例。

戰國早中期從外：𨴱（《曾姬無卹壺》）、𨳌（《安徽大學藏戰國竹簡》082）③。

戰國中期：𨳇（《中山王𰯲兆域圖》）、𨳈（《新蔡·甲一》22）、𨳉（《新蔡·甲二》28）、𨳊（《新蔡·甲三》158）、𨳋（《郭店·老甲》23）、𨳌（《上博五·三德》4）、𨳍（《上博四·曹沫之陳》24）、𨳎（《上博六·莊王既成　申公臣靈王》3）、𨳏（《郭店·語三》27）。這一時期的璽印文字④：𨳐（上海市文管會藏印三册·《璽彙》0183）、𨳑（上海博物館藏·《璽彙》5559）、𨳒（《戰國璽印分域研究·楚系古璽》）、𨳓（《戰國璽印分域研究·楚系古璽》）、𨳔（《璽彙》3215）（《古璽文編》）。

戰國中晚期：𨳕（《包山》13）。

戰國晚期：𨳖（《睡虎地·語書》2）、𨳗（《睡虎地·秦律》126）。

以上是古文“閒”的大致情況，可見戰國文字多從外。

“閒”的異體大致有從門從月⑤或日、從門從月卜、從門從月刀、從月刀四類，互爲異構字。現歸納如下⑥：

從刀：𨴱（《曾姬無卹壺》）、𨳋（《郭店·老甲》23）、𨳌（《上博五·三德》4）、𨳍（《上博四·曹沫之陳》24）、𨳕（《包山》13）。

從卜：𨳌（《安徽大學藏戰國竹簡》082）、𨳐（上海市文管會藏印三册·《璽彙》0183）、𨳑（上海博物館藏·《璽彙》5559）、𨳈（《新蔡·甲一》22）、𨳉（《新蔡·甲二》28）、𨳊（《新蔡·甲三》158）、𨳔（《璽彙》3215）、𨳎（《上博六·莊王既成　申公臣靈王》3）。

從月：𩁶（《龢鐘》，《集成》260）、𨳇（《中山王𰯲兆域圖》）、𨳏（《郭店·語三》27）、𨳖（《睡虎地·語書》2）、𨳗（《睡虎地·秦律》126）。

以上“閒”的寫法，較早的西周《龢鐘》從門從月；戰國早中期有從門外聲的寫法，字形增加了部件“卜”；戰國中期既有從門外聲的，從門從月省卜的，也有從卜月聲省門

---

① 林澐：《王、士同源及相關問題》，《林澐文集》（文字卷），上海：上海古籍出版社2019年版，第107頁。

② 本文主要搜集戰國及其以前的古文字形。

③ 安徽大學漢字發展與應用研究中心編，黄德寬、徐在國主編：《安徽大學藏戰國竹簡》（一），上海：中西書局2019年版，第289頁。

④ 陳光田《戰國璽印分域研究》（長沙：嶽麓書社2009年版）皆歸爲楚系璽印，分別見於第133、153、137、155頁。

⑤ 因“月”“夕”通用，故不單獨列從夕者。

⑥ 從夕從刀的目前只見郭店楚簡一例，故不單獨討論。

的；戰國中晚期繼承了戰國早中期从門外聲的寫法。其中增繁的部件“卜”很可能與甲骨文中的象形文字“卜”有關。秦文字“閒”已不見有从卜者，大概是因爲原从月从門的“閒”已經是形聲結構，增“卜”而形成疊牀架屋式的形聲字“閞”不符合漢字簡化的規律而被淘汰。

郭店楚簡“閒”的異體較多，大致可分爲四類：①从門見月，月亦聲；②从門外聲或从門从卜月聲；③从卜月聲，其中“卜”或訛爲“刀”。从外者，絕大部分見於楚簡，少量見於跟楚文化密切相關的曾國銅器銘文；“卜”訛爲“刀”的，其載體無論是郭店楚簡還是包山楚簡，還是上博館藏楚竹書，出土地幾乎都在湖北一帶，這類形體當是荆楚一帶楚文字的特有寫法；而寫作卜形的，目前能確定出土地的是新蔡楚簡，位於北方地區。以上，“卜”的寫法很可能存在地域差異。此外，幾乎同時期的“簡”字也有寫作从卜的，如𥳑（戰國中期《中山王壺》），或爲荆楚地區以外的楚系文字的寫法，大概還受到了楚文化的影響。① 而《中山王壺》銘文中“簡”的這種寫法也證明了“卜”是有意義的偏旁：“外”可作爲一個整體代替“閒”，原因在於“外”音義兼備，義符“門”自然就可以省去而不影響詞義的表達。

二、“卜”與“閒”的音義關係

“外”在甲骨文中寫作“卜”，从月的“外”爲後起形聲字。甲骨文中的卜$_2$（外），本指龜甲燒製之後表面向外延伸的裂痕（卜$_1$），爲象形字，“卜”大概由此引申出向外義，後增聲符“月”分化引申義，寫作“外”。“夕”“月”不分，遂有从夕的“外”。而从外的“閒”，可以如高田忠周等學者那樣分析爲从門从外會意，表示月光從門外照進屋內，其中“外”整體表意且表音。然而筆者以爲，戰國文字“閒”从外者，應當是在从月之“閒”的基礎上增加了表意偏旁“卜”，這符合“閒”的古文字形體演變序列，至少目前所見出土文獻中从月在門上的“閒”是最早出現的，往後的“閞”當在“閒”的基礎上增繁表意偏旁“卜”以適應漢字形聲化的趨勢，而秦文字中“閒”淘汰了“閞”這類疊牀架屋的複雜結構，順應了漢字簡化趨勢。“閞”可分析爲从門从卜月聲的形聲字。

卜$_1$有裂痕義，與“閒”的構意類似，都表示兩物之間，因此不難理解“閒”在戰國時期有異體字“閞”，且在文獻中的詞義從空間和時間兩條路徑發展出“間隙”“空間”等引申義。“卜”也許是楚文化中攜帶的商文化信息在文字中的反映。楚文化在中原商周文明特別是姬周文明的基礎上發展起來，雖吸收了少量的蠻夷文化，但更多地保留了中原姬周文明的特色，因此，楚文化在文字上承襲商周文字實屬正常現象。且從楚國當時整個社會的

---

① 荆州博物館有戰國楚墓出土的神人操龍形玉佩，其中神人的服飾與考古中發現的中山國服飾紋樣十分相似，可見中山國也許曾受到過楚文化的影響。又蔡青《論戰國中山國出土的楚式玉器》（《江漢考古》2018 年第 6 期，第 95 - 104 頁）提到戰國中山國墓葬中出土的玉器中有相當一部分帶有楚式風格，體現了中山地區對楚文化的認同和吸收，兩地文化在當時已經有互相滲透的現象。

情形來看，還沒有像秦統一之後那樣的文字改革，文字有存古的現象也是可信的。

清華簡《楚居》① 記載了有關楚國起源、楚王世系及歷代楚王定都地點的詳細內容，其中季連爲楚國君主的祖先。《楚居》開篇即敘季連娶盤庚之女妣隹爲妻之事。現摘錄整理者所作釋文如下：

> 季繍 (連) 辭 (聞) 亓 (其) 又 (有) 嘳 (聘)，从，及之盤 (泮)，爰生　経白 (伯)、遠中 (仲)。

從簡文可知，楚國的祖先季連所娶的妻子爲商君主盤庚的女兒，可見楚與商的關係。楚人祖商的文化傳統似乎也是有一定根據的。

從現有的研究和材料來看，也有不少楚文字與殷商文字有直接的關係而未見於周代的金文，如趙平安認爲甲骨文中的 "途" 並不從 "余"，而通過將甲骨文中的 "途" 與楚系 "達" 進行對比，可得出楚文字 "達" 是在甲骨文 "途" 的基礎上演變而來、甲骨文 "途" 應當釋爲 "達" 的結論。② 楚文化與殷商文化之間似乎確實存在著某種關聯。

以上我們討論了 "卜" 的本義和引申義，可知 "卜" 在 "閉" 的異體字 "閉" 中爲表意偏旁，此 "卜" 大概承殷商甲骨文中的 "卜" 而來。《漢語同源詞大典》以 "圤" "圽" "釙" 爲一組同源字，都指某種塊狀物，其中聲符 "卜" 似乎也表意，與 "卜" 最初的載體——甲骨呈塊狀物不謀而合，可見 "卜" 的古老意義在後世文字中確有遺留。下文我們將具體討論 "卜" 和 "閉" 在語音和詞義上的聯繫。

(一) "卜" "閉" 的語音關係

"追加聲符是指在原本爲象形、會意或指事字上纍加聲符，以強調字音的音化現象。這是文字在聲化趨勢影響下一種最廣泛的音化形式，在西周金文中這種音化數量最多，其中又可分爲新字的分化和不分化出新字的分化兩種。"③ 此觀點與許慎對形聲的解釋相似："形聲者，以事爲名，取譬相成，江河是也。" 大意是說形聲造字法是根據事物造字，再取一個近似的聲符配合而成。譬，喻也。由 "譬" 可知，在許慎看來，聲符與原形旁存在語音上的關聯。

我們認爲，"外" 即是劉釗所說的在原象形字的基礎上纍加聲符的這類形聲字。這種後加上的聲符或由原字發展出來的聲符應當與原字的讀音相同或相近，而在劉釗所舉的例子當中，後起形聲字也與原字讀音密切相關，如 "散" 和 "月"，聲可通轉、韻爲陰陽對轉，甲骨文中無從月之 "散"，金文中的 "散" 字出現從月者即以之爲聲符。④ 而 "外" 在甲骨卜辭中寫爲 "卜"，周代在讀 "外" 的 "卜" 字上加注 "月" 旁爲聲符，以之爲 "外" 的

---

① 清華大學出土文獻研究與保護中心編，李學勤主編：《清華大學藏戰國楚竹書》（壹），上海：中西書局 2010 年版，第 180 頁。

② 中國文字編輯委員會編：《中國文字》（新廿七期），臺北：藝文印書館 2001 年版，第 51 頁。

③ 劉釗：《古文字構形學》（修訂本），福州：福建人民出版社 2011 年版，第 79 頁。

④ 劉釗：《古文字構形學》（修訂本），福州：福建人民出版社 2011 年版，第 80 頁。

專用字。① "卜"的上古音在幫紐屋部，"月""外"的上古音均在疑紐月部，"外"以"月"爲聲符是無疑的，而"卜"同"月"，林澐認爲讀音是顯然不同的，並以"卜"爲一形多讀，似可商権。從古音角度來分析，"卜"是唇音入聲字，"月"是喉音入聲字，而上古唇喉音不乏相通的例子②，"卜"和"月"也應當存在語音上的關聯。除了前人學者提到的唇喉音相通的情況外，筆者還注意到一些從卜的字也存在這種現象，如《說文》卜部的"卟"，許慎謂"讀與稽同"。③"稽"屬見紐脂部字，聲母爲牙音，而牙喉通轉，似可見"卟"所從之卜與牙喉音有關係。《漢語大字典》收錄了"虷"，謂之同"蝦"，而"蝦"爲從蟲叚聲的形聲字，"叚"屬見紐魚部字，韻部魚、屋對轉，聲母皆爲牙音，因此"卜"與"叚"很可能是因聲音相同或相近而可互換。

"外"所從之月極有可能就是劉釗所說的聲符繁化中的追加聲符一類，且"追加聲符後，舊有的形體和追加聲符後的形體在意義上有所分化"④，即原象形字"卜"分化出表示方向的"外"和占卜的"卜"。無獨有偶，王寧也有過類似的看法⑤，她認爲與物象十分相似的象形構件在圖畫文字時期應當是有聲音的，後加聲符是原字音的顯現。

"閒"是見紐元部字，月爲疑紐月部字，牙喉通轉、月元對轉，故"閒"以月爲聲兼義符。⑥"閒"在楚文字中多從外，而"月"既爲"外"的聲符，又是"閒"的聲符，"月"最初同"卜"亦存在語音上的聯繫，因此，"卜"同"閒"也應當關係密切。

（二）"卜""閒"的詞義關係

王寧在《漢字構形學導論》⑦中對"理據重構"有詳細的闡述："漢字在歷時演進中，形體因書寫而變異不能與意義統一時，在使用者表意意識的驅使下，會重新尋求構意去與它的新形切合，或附會它的意義去重新設計它的構形，這屬於歷時的理據重構。""閞"之於"閒"，當屬漢字歷時演變中的理據重構。這大概同漢字表音化趨勢逐漸加強有關，"月"用以表音之後，遂增"卜"表意。

本文的研究重點在於討論"閒"所從之卜是否有意義。而何琳儀將"卜"歸爲漢字發展過程中增繁的無義偏旁⑧，似可商権，如楚簡中"孔"所從之卜未必就不是指嬰兒剛出生時未合上的呈裂縫狀的囟門。即使"卜"在文字中多爲增繁的無意義的部件，也不能說

①　林澐：《王、士同源及相關問題》，《林澐文集》（文字卷），上海：上海古籍出版社 2019 年版，第 108 頁。此處爲林澐引張玉春觀點。

②　見賈連翔：《清華簡〈五紀〉的"籫揚於箕"與"外"聲字的唇喉通轉現象》，中國古文字研究會、西南大學漢語言文獻研究所、西南大學出土文獻綜合研究中心編：《古文字研究》（第三十四輯），北京：中華書局 2022 年版，第 364 頁。無獨有偶，郭永秉在其論文《"京""亭""亳"獻疑》［清華大學出土文獻研究與保護中心編，李學勤主編：《出土文獻》（第五輯），上海：中西書局 2014 年版，第 148－162 頁］中認爲唇音的"亳"和牙喉音的"京"語音相關。又蔣紹愚《漢語歷史詞彙學概要》（北京：商務印書館 2015 年版，第 327－328 頁）提到雖然一般看法認爲唇喉音相去甚遠，但文獻中有不少相通的例證，如"本"和"根"就屬於音轉同族詞。蔣還從諧聲、讀若、又音等方面證明唇喉音可以互諧。

③　許慎：《說文解字》，北京：中華書局 2013 年版，第 64 頁。

④　劉釗：《古文字構形學》（修訂本），福州：福建人民出版社 2011 年版，第 83 頁。

⑤　王寧：《漢字構形學導論》，北京：商務印書館 2015 年版，第 134 頁。

⑥　黃德寬主編：《古文字譜系疏證》，北京：商務印書館 2007 年版，第 2419 頁。

⑦　王寧：《漢字構形學導論》，北京：商務印書館 2015 年版，第 65 頁。

⑧　何琳儀：《戰國文字通論》（訂補），上海：上海古籍出版社 2017 年版，第 269－270 頁。

明所有从卜的字皆如此。有的看似無意義纍增形符，也只是尚未發現其意義而已。何所論从卜的古文字，其釋卜爲無意義增繁部件頗多可疑，試列舉數例如下：

（1）夜：爽（《璽彙》2947）。"夜"所从之卜爲"亦"的指事符號演變而來，但在字形爽中似應當爲理據重構之後表時間，"卜"的裂縫義與"閒"的構意類似，存在同步引申的可能性，因此不難理解其與"閒"的兩條詞義引申路徑之一的時間方向也相契合。與此類似的還有"亙"（亟）（《包山》199）。"亙"爲"恒"之初文，从夕从二。《字源》①：甲骨文从月在二之間，當是取象於月在天地之間圓缺往復而寓永恒之意。《詩經·小雅·天保》："如月之恒，如日之升。"戰國時期的包山楚簡中也常見从卜的"亙"，如《包山》218"亟（恒）貞吉"，整理小組以"恒貞"可能指"久貞"，即反覆貞問。② 可見"亙"也與時間有關。

（2）猒、悁：𣢾（《郭店·緇衣》46）、𡢃（《上博一·詩論》3）。"古音猒在影紐談部，悁在見紐元部，聲爲喉牙通轉，古音談部與元部或可相通，在古文字中不乏其例，如楚簡'絹'字有寫作上部从'占'聲的，絹元部，占談部。"③ 而"占"是會意字，本義爲卜問。

（3）孔：𥻳（《上博一·詩論》1）。楊澤生（2009）以"孔"所从之卜同"夜"所从之卜，即由原本表初生嬰兒囟門的指事符號演變而來④，我們認爲是可信的，不過"卜"本可以表意，囟門同龜甲的裂縫性質是一樣的。

（4）塚：𢦏（盨鼎）。"冢"的異體字。《說文》："冢，高墳也。从勹豕聲。"《正字通》："冢，塚俗字。""塚"表處所，从卜可能與處所有關，與"閒"引申的空間義相合。

以上是對从卜的古文字的簡要分析，可見"卜"在古文字形中或與甲骨卜辭中的象形文字"卜"有關係，不能簡單歸爲無意義的符號。而"卜"的形體本像龜甲燒灼之後裂開的縫隙，本義爲占卜，其裂縫義似乎可以從其他漢字中找到綫索，如"剝"，《說文》或體从卜，許慎解釋"剝"爲"裂也"；又如"逃"的異體爲"逃"，而《說文》釋"兆"爲"𠧞，灼龜坼也。从卜；兆，象形"，可見"卜"與象形字"兆"的關係之密切。

戰國文字"閒"（閞）所从之卜不僅與"閒"存在語音上的聯繫，更爲重要的是"卜"還有示義的功能，這符合漢字發展演變的規律，即形聲化趨勢逐漸加強。

"閒"增"卜"爲"閞"後，原表意構件"月"和"門"的表意功能似乎有所弱化，"月"更加突出其表音的功能，而"門"在戰國文字中還可以省去。正如王寧所說："漢字有了示音構件的介入，就有了更先進的區別手段，字面所含的信息量也更多樣化了，在漢字構形歷史上是一大進步。"⑤ 金文以及部分戰國文字中的"閒"由部件"門"和"月"組成，會門中見月之意，其中的"月"重在顯示其示義功能；而"閒"增加表意構件

① 李學勤主編：《字源》，天津：天津古籍出版社 2013 年版，第 1176 頁。
② 曾憲通、陳偉武主編：《出土戰國文獻字詞集釋》（第 13 卷），北京：中華書局 2019 年版，第 6663 頁。
③ 劉釗：《古文字構形學》（修訂本），福州：福建人民出版社 2011 年版，第 119 頁。
④ 曾憲通、陳偉武主編：《出土戰國文獻字詞集釋》（第 12 卷），北京：中華書局 2019 年版，第 6014 頁。
⑤ 王寧：《漢字構形學導論》，北京：商務印書館 2015 年版，第 133 頁。

“卜”之後，原來的義符兼聲符“月”的示音功能可以說更加突出了，因此才出現了郭店楚簡中省“門”的“閒”（**ㄫ**）（《郭店·老甲》23）。

　　張院利對戰國楚文字中的形聲字進行了較爲全面的研究①，他指出分化字是增減或更換聲符、形符或其他區別符號而分化出來的字，而我們所討論的“閒”正是在“閒”的基礎上增加形符“卜”而形成的分化字，漢字發展過程中趨向形聲結構的構形模式，又增加義符以示區別，這種現象不乏其例。如“瞿”是一個會意兼形聲字，以突出雙目驚視狀的部件“䀠”與部件“隹”共同形成“瞿”字的構意，而“䀠”同“閒”中的“月”一樣可表音，只是沒有其用作示義功能強。因漢字形聲構形模式的影響，又在“瞿”的基礎上增加義符“忄”。“閒”中的“卜”形成的路徑與此類似，都凸顯了漢字的表意功能。又如“登”和“橙”，《說文》：“登，上車也……象登車形。”“登”是一個會意兼形聲字，聲符“登”的古文像作爲腳蹬的用具，後加義符“几”成“凳”用爲坐具。“凳”的異構字“橙”在原字形的基礎上添加了形旁“木”，表示該類用具的材質，其功能亦同“閒”中的“卜”，使得“凳”的表音功能更加凸顯，而“木”承擔的表意功能也變得更強，這符合漢字形聲化的趨勢。

　　“閒”增“卜”爲“閒”，是利用原有字形添加義符形成的，減輕了造新字帶來的記憶負擔，便於書寫，是一種有效的分化方式。但不可否認的是，“閒”“橙”這類疊牀架屋式結構的分化字並不像“懼”那樣與原字在詞義的發展中分化爲不同的詞，因此不符合語言經濟化的規律而被淘汰。

三、“閒”與“閒”的字詞關係

　　“閒”爲“閒”的異構，是一種較爲特殊的分化字，增加的形符“卜”凸顯了“閒”的表意功能，這符合漢字形聲化的演變趨勢，但並未分化出兩個不同的詞——戰國時期兩種形體並存，沒有明顯的意義上的差別，因此，“閒”與“閒”依然是異形詞。

　　從現有的材料來看，“閒”最早見於西周晚期的銅器銘文《㲃鐘》，呈從月在門上的結構。到了戰國時期，從外的“閒”大量出現，“閒”應當是在“閒”的基礎上添加表意符號“卜”形成的，二者同詞異形。爲便於分析，我們首先根據《漢語大詞典》部分義項對“閒”的詞義引申作簡要的梳理：

　　　　閒$_1$：門隙（門中見月）→閒$_2$：中間，內（空間）→閒$_3$：間隔，距離→閒$_4$：空子→閒$_5$：嫌隙，隔閡→閒$_6$：離間→閒$_7$：間諜→閒$_8$：干犯→閒$_9$：一定時間裏（時間）→閒$_{10}$：一會兒

---

　　① 張院利：《戰國楚文字之形聲字研究》，華中科技大學博士學位論文，2012年。

以上是詞典中"閒"的詞義梳理，與出土先秦文獻中"閒"的詞義大致吻合，現取部分辭例列舉如下：

(一) 西周銅器

《猷鐘》(《金文通鑒》15633) 出現一例從月在門上的"閒"(閒)(《集成》260)，其所在原文爲：

> ……王肇(敦)伐甘(其)至，敳(撲)伐氒(厥)都，戻戀(攣—蠻)廸遣閒來逆邵(昭)王，南尸(夷)東尸(夷)昪(俱)見，廿又六邦，隹(唯)皇上帝、百神保余小子，朕(朕)猷又(有)成亡(無)兢(境)，我隹(唯)司(嗣)配皇天，王數(對)乍(作)宗周寶鏄(鐘)……

一般認爲此處的"閒"指使者，如柯昌濟、洪家義等人的觀點，或以爲傳譯的人，如陳夢家、陳秉新、李立芳等人的觀點。[1] 雖然目前的材料尚未見以"閒"本義爲詞義者，然《猷鐘》中的"閒"指從事外交方面的活動，類似閒$_7$，其詞義和"閒"的本義存在引申關係。

(二) 戰國古璽[2]

"舒閒之鉩(璽)。"(《璽彙》0218) 閒：閒。"舒閒"爲楚地名，該璽係楚"舒閒"之地的官署所用之物。該字稍殘泐，何琳儀釋爲"刅"(間)。[3]

"閒命虘鉩(璽)。"(《璽彙》5559)。閒：閒。"人虘"或爲楚文字資料中的"大府"，"閒命虘"也可能是地名。

"鄗(高)閒□笙。"(《例舉》) 閒：閒。"高閒"爲楚地名，該璽係楚"高閒"之地的樂官所用之物。

"□大夫閒野鉩(璽)。"[4] 閒：閒。

(三) 戰國竹簡

"桑者閒閒。"(《安大一》) 閒：閒。簡本《十畝之間》，與《毛詩》同，"桑者閒閒"即指採桑者悠閒從容的狀態，此處的"閒"同閒$_9$。

"至九月有良閒。"[5] (《新蔡·甲一》22) 閒：閒。

"而不良有閒。"(《新蔡·甲二》28) 閒：閒。

"□閒，卒歲無咎。"(《新蔡·甲三》158) 閒：閒。

---

①　參看許金金：《猷簋與宗周鐘銘文集釋及相關問題研究》，華東師範大學碩士學位論文，2021年。

②　參看陳光田：《戰國璽印分域研究》，長沙：嶽麓書社2009年版，第137—155頁。

③　何琳儀：《楚官璽雜識》，《古籍研究》2002年第4期，第4—7頁。

④　小林斗盫編，周培彥譯：《中國璽印類編》，天津：天津人民美術出版社2004年版，第382頁。陳光田《戰國璽印分域研究》(長沙：嶽麓書社2009年版，第133頁) 將該字所在璽印歸入楚系古璽中。

⑤　釋文見河南省文物考古研究所編：《新蔡葛陵楚墓》，鄭州：大象出版社2003年版，第187頁。下同，甲二28見第188頁，甲三158見第193頁。

新蔡楚簡中出現的"有良閒""有閒""☐閒"，結合語境來看應當指病情好轉。《左傳·昭公七年》："晉侯有間，賜子產莒之二方鼎。"《正義》注釋"間"爲"疾差"[①]，"差"義爲病除，"有間"即言疾病的持續狀態被打斷，出現好轉。新蔡楚簡中出現的"閒"應當是由閒$_3$引申而來，從間隔義引申爲"打斷；中斷"。

"亡間。"（《郭店·語三》）閒（間）：（字）。陳偉："亡間"即"無間"，無懈可擊之義。學者們一般認爲這裏的"閒"爲間隔義。[②] 如劉釗：亡間，指極微小處。李柏武、石鳴：無間，沒有空隙。指極微小處。王志平："間"疑讀爲"外"。句或謂，德無所不至，故治者無外，天下一家。值得注意的是，王志平認爲簡中的"間"和"外"有關係，而"外"與"卜"同源，似乎也說明"閒（間）"與"卜"在音義方面的關係之密切。

"天陞（地）之刉（間）。"（《郭店·老甲》23）刉（間）：（字）。整理者認爲這裏的"刉"省去了"門"。學者多認爲"刉"同"閒"，讀作"間"。廖名春指出"閒"不同字形的三種關係："閞"爲"閒"之繁化，"刉"爲"閞"之省文，"間"爲"閒"之異構。劉釗認爲古文字"閒"本從門從月，"外"從月得聲，"月"常被"外"取代。[③] 筆者按：簡文中的"刉"表示天地之間的距離，當爲閒$_2$或閒$_3$。由此可見，同時期的郭店楚簡中，"閒"用於表示空間，可以是不從卜的（字），也可以是從卜的（字），二者爲異形詞。

（字）（《上博五·三德》4）：憂懼之閞（閒）。其中的"閒"意爲安閒[④]，同閒$_9$。

（字）（《上博四·曹沫之陳》24）：車閞（間）容伍　（伍，伍）閞（間）容兵。大意是戰車之間的距離要能容納伍，而每一伍當中的士兵之間要保持距離、互不碰撞。[⑤] 此處的"閒"（間）爲閒$_3$。

（字）（《上博六·莊王既成　申公臣靈王》3）：曰："四與五之間乎？"王曰："如四與五之間，載之專車以上乎……""四與五之間"是預言楚莊王將有四五代子孫繼承王位。[⑥] 此處的"閒"（間）即介於的意思，與閒$_2$相類。

（四）戰國銅器

"蒿閞（閒）之無㸚馬（匹）。"（《曾姬無恤壺》）閒：（字）。"蒿閒"或爲楚地名，或與閒$_2$同義。

"兩堂閒百氒（尺）。"（《中山王𰯼兆域圖》）閒：（字）。"閒"應當爲"間隔"義，同閒$_3$，與上文的"方""長"等表範圍、長度等形容詞性的詞語相應。句意大致爲兩座堂之間的距離有一百尺。

原文釋文部分摘錄如下（《金文通鑒》19307）：

① 杜預注，孔穎達疏：《春秋左傳正義》，上海：上海古籍出版社1990年版，第1435頁。

② 見孫慧敏：《郭店楚墓竹簡〈語叢（一~三）〉集釋》，哈爾濱師範大學碩士學位論文，2021年。

③ 以上觀點見彭裕商、吳毅強：《郭店楚簡老子集釋》，成都：巴蜀書社2011年版，第238頁。

④ 李炳蔚：《上博簡〈三德〉綜合研究》，曲阜師範大學碩士學位論文，2015年，第12頁。

⑤ 丁原植主編，王青著：《上博簡〈曹沫之陳〉疏證與研究》，臺北：臺灣書房2009年版，第68頁。

⑥ 周鳳五：《上博六〈莊王既成〉〈申公臣靈王〉〈平王問鄭壽〉〈平王與王子木〉新探》，上海社會科學院歷史研究所編：《第二屆傳統中國研究國際學術討論會論文集》（一），2007年。

　　王堂（堂）方二百毛（尺），丘平者五十毛（尺），兀（其）坡五十毛
（尺）；王后堂（堂）方二百毛（尺），兀（其）牂（葬），眠（視）忞（寧）
後，丘平者五十毛（尺），兀（其）坡五十毛（尺），丘平者五十毛（尺），兀
（其）坡五十毛（尺）。

　　其他如睡虎地秦簡中的 "閒"（𨳿），整理小組讀爲 "閒"①，爲養牲畜的居所，當爲假借字。古璽 "閒" 多用作地名或人名，似難從其中找到 "卜" 同 "閒" 的關係，然通觀其他出土材料中的 "閒"，可知無論是從月還是從卜月聲的字，其詞義大都與 "閒" 的本義有關，爲 "閒" 從本義引申出來的空間和時間兩條綫上的引申義，"閒" "閞" 當爲異形詞。

四、戰國文字中的卜形②與楚文化的關係

　　分化字往往是應記錄不斷發展變化的語言的需要而形成的，而 "閒" 分化出 "閞" 大概與社會文化因素有關。這種受社會文化等因素影響而產生的形體上的變異現象即爲王寧所說的理據重構。

　　張正明在《楚文化史》第三章 "茁長期的楚文化" 中談到了楚人的崇巫文化："諸夏之中，虞人、夏人、殷人的遺族巫風較周人爲盛。至於楚人，則巫風更盛。"③ 巫在楚國的地位很高，因此還出現了以巫爲世官的家族即觀氏，楚國的公族子弟也有身爲大巫的，楚國的巫也是醫，巫的存在對於楚人來說不僅是一種精神依託，還能帶來實用價值。而楚人之所以如此崇巫，是因爲他們認爲巫不僅可以同鬼神交流，還可以寄生死。④ 直接從原始社會出生的楚國散發出濃烈的神秘氣息，因此，"爲了消解疑難，預測前途，楚人經常行卜"⑤。在楚國，有卜尹的官職，所有巫都會行卜，甚至非巫者也能行卜，卜的應用範圍之大、楚人對卜的信任程度之深，是諸夏難以比擬的。此外，負責書寫歷史的史官在春秋戰國時期尚未從巫祝中分離出來⑥，巫文化也影響著歷史的記錄。

　　《說文》⑦："卜，灼剝龜也。象灸龜之形。一曰象龜兆之縱橫也。" "卜" 字與占卜時所使用的龜有關，而直到春秋戰國時期，龜占依然很盛行，如朝廷中設有專門職掌其事的太卜。楚人重卜輕筮，尤其是在崇巫文化如此盛行的楚國，"卜" 有著非凡的意義和價值。筆者以爲，楚人的這種崇巫文化也影響到了楚人的書寫習慣，表現在戰國文字中即出現 "卜" 類偏旁。

---

① 李圃編：《古文字詁林》（第九冊），上海：上海教育出版社 2004 年版，第 542 頁。
② 本文主要討論本不從卜的字在戰國時期出現卜形的現象，因此稱之爲 "卜形"。
③ 張正明：《楚文化史》，上海：上海人民出版社 1987 年版，第 112 頁。
④ 張正明：《楚文化史》，上海：上海人民出版社 1987 年版，第 114 頁。
⑤ 張正明：《楚文化史》，上海：上海人民出版社 1987 年版，第 116 頁。
⑥ 張強：《史官文化與巫官文化及宗教神話之關係》，《江蘇社會科學》1994 年第 4 期，第 77–81、87 頁。
⑦ 許慎：《說文解字》，北京：中華書局 2013 年版，第 64 頁。

何琳儀以"卜"爲無意義的增繁偏旁，在其著作《戰國文字通論》中共列了九個本不從卜，戰國時期加"卜"或訛爲"卜"的字形。我們根據《戰國文字字形表》稍作補充，茲列如下：

夜：本爲從夕亦省聲的形聲字，戰國文字中出現從卜的"夜"字，一般認爲是"亦"字的一點訛變而來的，這類字形見於戰國古璽，如𩂣（《璽彙》2946）和𩂦（《璽彙》2947）①，陳光田認爲是晉璽②。

塚：𩂣（晉·《二年窯鼎》）、𩂣（晉·《兩漢印帚》）。

亙③：①楚：𩂣（《璽彙》5700）、𩂣（《新蔡·甲三》44）、𩂣（《郭店·魯穆》1）、𩂣（《包山》231）、𩂣（《包山》199）、𩂣（《清華伍·湯丘》2）、𩂣（《包山》233）、𩂣（《郭店·緇衣》32）、𩂣（《上博六·天乙》7）、𩂣（《上博六·天甲》7）、𩂣（《左塚漆桐》）、𩂣（《清華叁·芮良夫》5）、𩂣（《上博九·陳》7）、𩂣（《郭店·老甲》13）、𩂣（《新蔡·甲一》22）、𩂣④（《包山》201）、𩂣（《上博九·舉》29）。②晉：𩂣（《六年格氏令戈》，《集成》11327）、𩂣（《璽彙》2675）。③齊：𩂣（《陶錄》3·614·1）。

所：𩂣（《隨縣》4）。

駟：𩂣（《隨縣》147）。

舀：《字源》：會意。像人手從搗缸（臼）中掏取所舂米。𩂣（《香港》6）⑤、𩂣（《郭店·性自命出》24）、𩂣（《郭店·性自命出》31）、𩂣（《郭店·性自命出》44）。

猒：𩂣（《郭店·緇衣》46）。

惰：李家浩認爲從卜者爲"惰"的訛體。魏宜輝、周言則認爲寫作從卜者可能是楚系文字的一種習慣寫法。湯餘惠、吳良寶以肉旁上部爲"占"字或體，"占""猒"音亦通。⑥𩂣（《上博二·从甲》5）、𩂣（《包山》138反）、𩂣（《上博四·曹沫之陳》17）、𩂣（《上博一·孔》19）、𩂣（《清華壹·尹誥》2）、𩂣（《上博一·詩論》3）。

孔：《字源》：指事。郭沫若認爲金文字下爲"子"，上爲指事符號，指示小兒頭角上有孔。本義應爲洞穴、窟窿。李零認爲"卜"可能是從"孔"字所從的乚訛變而來。⑦楊澤生則指出"卜"是在豎畫右側加短橫形成的。⑧𩂣（《上博二·子羔》8·38）⑨，何琳儀

─────────────

① 故宮博物院編，羅福頤主編：《古璽彙編》，北京：文物出版社1981年版，第279頁。

② 陳光田：《戰國璽印分域研究》，長沙：嶽麓書社2009年版，第286頁。

③ 徐在國、程燕、張振謙編著：《戰國文字字形表》，上海：上海古籍出版社2017年版，第1825－1826頁。

④ 何琳儀［《戰國文字通論》（訂補），上海：上海古籍出版社2017年版，第270頁］認爲"亙"的這種寫法是在"卜"的基礎上加一橫筆爲裝飾，因此可充分證明"卜"在戰國文字中沒有實際意義，這種觀點似存在邏輯上的錯誤，"卜"上添加的一橫爲裝飾性的符號，並不能說明"卜"也同裝飾性符號一樣無實際意義。

⑤ 見陳松長編著：《香港中文大學文物館藏簡牘·戰國楚簡》，香港：香港中文大學文物館2001年版，第14頁。

⑥ 以上觀點見於曾憲通、陳偉武主編：《出土戰國文獻字詞集釋》（第10卷），北京：中華書局2018年版，第5421－5423頁。

⑦ 曾憲通、陳偉武主編：《出土戰國文獻字詞集釋》（第12卷），北京：中華書局2019年版，第6012頁。

⑧ 曾憲通、陳偉武主編：《出土戰國文獻字詞集釋》（第12卷），北京：中華書局2019年版，第6014頁。

⑨ 見李守奎、曲冰、孫偉龍編著：《上海博物館藏戰國楚竹書（一～五）文字編》，北京：作家出版社2007年版，第666頁。"卜"出現在"孔子"合文中，且絕大多數"孔子"合文爲從卜。

以《上博一・詩論》中"孔子"合文所从之卜表示"孔"字①，認爲此處的"卜"顯然是有意義的，與何所說的加"卜"爲增繁的無意義偏旁自相矛盾。

以上，从卜的戰國文字絕大多數是楚系文字，極少數是晉系文字。而晉楚之間的關係十分密切，如晉楚之間的三次大戰——城濮之戰、邲之戰、鄢陵之戰，而弭兵會盟開創了晉與楚之間一個多世紀的和平。至於晉楚之間的文化交流，從春秋晚期楚公逆以編鐘贈晉邦父，到春秋中期楚囚鍾儀操琴爲南音，促成了晉楚修好之盟，再到家喻戶曉的晉裔伯牙與楚樂尹世家出身的鍾子期定知音之交，可見其源遠流長。因此，"卜"形的流行範圍應當限於楚系文字，少量出現在晉系文字中大概與兩國之間的文化交流有關。

程小丹《戰國文字羨符研究：以〈戰國文字編〉爲例》②將古文"亘""塚"所从之卜定爲羨旁。按"卜"無意義，這類偏旁一般見於楚系文字，應當有其深層的文化因素。程小丹對戰國文字羨符作了較爲全面的研究，因此，我們參考正文和附錄③所列从卜的戰國文字，看其地域分佈情況：

吏　無羨符：（字形）　楚系文字：（字形）　三晉文字：（字形）　齊系文字：（字形）

辻　無羨符：（字形）　楚系文字：（字形）　燕系文字：（字形）

猒　楚系文字：（字形），增羨符"卜"

粵　楚系文字：（字形）

庫　楚系文字：（字形）

克　楚系文字：（字形）

覓　楚系文字：（字形）　晉系文字：（字形）、（字形）

秋　楚系文字：（字形）

慨　楚系文字：（字形）

由《戰國文字羨符研究：以〈戰國文字編〉爲例》所收字來看，情況和上文所討論的相同，似可看出"卜"形與楚文化的關係之密切，很可能是楚人的崇巫文化影響了抄寫文字的人的書寫習慣，加上"卜"字的形體十分簡單，形成這樣的書寫習慣也不足爲奇。"卜"在楚人的生活中類似一種文化認同的標記，類似人名加女旁、地名加邑旁而爲專名的寫法。而出土戰國文獻中也有大量卜筮祭禱的竹簡，可見巫文化對當時人們的生活影響之深。

當然，除了以上學者搜集到的字形外，還有其他楚系文字存在訛爲"卜"形的現象，如"嗇"：（字形）（《郭店・老乙》1）、（字形）（《上博六・用曰》12）。同樣地，"嗇"字从卜的寫法尚未見於他系文字。

---

① 何琳儀：《戰國文字通論》（訂補），上海：上海古籍出版社 2017 年版，第 270 頁。
② 程小丹：《戰國文字羨符研究：以〈戰國文字編〉爲例》，福建師範大學碩士學位論文，2016 年，第 41 頁。
③ 該文附錄基於《戰國文字編》，所列字形主要取材於字編中所收字目的富有對比性的不同字形，便於我們分析。

"因爲漢字構形及其演變都有文化因素起著一定的作用，所以漢字形體中往往存有一些文化資訊。"① 當然，在對漢字形體進行文化因素的分析時不能陷入主觀的泥潭，但從文化角度去分析楚系文字中出現"卜"形的獨特現象，不失爲一種好的路徑。

綜上，"閒"所從之"卜"與甲骨文中的"卜"存在語音和意義上的關聯：語音上，"外"所從月與卜的語音，唇喉相通，皆爲入聲，而"閒"以月爲聲符，故"卜""閒"音似可通；意義上，"閒""卜"皆與縫隙或裂痕有關，戰國文字"閜"在"閒"的基礎上增表意偏旁"卜"以加強"閒"的表意功能。"閜"爲理據重構之後的異構形體，與從門見月的"閒"在文獻中屬異形詞。"閜"中的"卜"不能看作無意義的羨符，而是以表義偏旁的形式促進"閜"的疊牀架屋結構的形成，因此，在秦文字中這種煩瑣的寫法消失了，但是可以從這種整齊劃一出現在楚文字中的形體看出"閒"的音義來源及其攜帶的文化信息。除"閒"外，戰國時期的文字從卜者多見於楚文字，與楚文化崇巫有一定關聯。當然，從卜的戰國文字所在辭例是否也與楚人的崇巫文化有關，還有待進一步研究。

參考文獻

［1］陳光田：《戰國璽印分域研究》，長沙：嶽麓書社 2009 年版。

［2］何琳儀：《戰國文字通論》（訂補），上海：上海古籍出版社 2017 年版。

［3］林澐：《林澐文集》（文字卷），上海：上海古籍出版社 2019 年版。

［4］劉釗：《古文字構形學》（修訂本），福州：福建人民出版社 2011 年版。

［5］王寧：《漢字構形學導論》，北京：商務印書館 2015 年版。

［6］徐在國、程燕、張振謙編著：《戰國文字字形表》，上海：上海古籍出版社 2017 年版。

［7］許金金：《訣篝與宗周鐘銘文集釋及相關問題研究》，華東師範大學碩士學位論文，2021 年。

［8］楊澤生：《戰國竹書研究》，廣州：中山大學出版社 2009 年版。

［9］張正明：《楚文化史》，上海：上海人民出版社 1987 年版。

On the Relationship Between the Characters "*Jian*"（閒）and "*Bu*"（卜）in Warring States Script

Li Juan

Abstract：The character "*jian*"（閒）in Warring States script frequently appears in divination contexts and is generally regarded as a distinctive form within the Chu-system script. The "*jian*"（閜）composed of components other than "*men*"（門, door）likely uses "*bu*"（卜, divination）as its semantic radical，rather than representing a meaningless addition during the evo-

---

① 王寧：《漢字構形學導論》，北京：商務印書館 2015 年版，第 5 頁。

lution of the character. "*Jian*" (閒) may be a structurally reorganized form derived from an earli-er version of the character that originally incorporated "*yue*" (月) . The "*jian*" (閒) derived from "yue" (月) and the "*jian*" (閒) derived from "*bu*" (卜) became conflated during the Warring States period, though they originated from distinct sources and functioned as variant forms in textual records. Additionally, the prevalence of the "*bu*" (卜) shape in Chu script during this era is closely tied to the witchcraft-worshipping culture of the Chu people.

Key words: *jian* (閒), *bu* (卜), motivational reconstruction, variant forms, Chu culture

(北京語言大學文學院)

論清華簡《參不韋》的成書時代與文本性質*

——兼談棗紙簡《三不韋》

薛金宗

提　要　本文從漢語史的角度出發，以"於"和"乃""而"作爲對象來考察《參不韋》的成書時代，可以看出的一點是《參不韋》大致成書於戰國後期，與抄寫時代所去不遠，並且可能晚於《繫年》。基於此，可以明確《參不韋》爲時人託古言事之作，與余嘉錫所謂"古書多造作故事""託之古人，以自尊其道"有相通之處。《參不韋》將歷史人物、虛構神靈和所託之事置於同一語境下，"造作故事"的色彩十分濃厚。棗紙簡也見《三不韋》，其與清華簡《參不韋》討論的"命"並不相同，這意味著可能存在多篇《參不韋》。

關鍵詞　《參不韋》　成書時代　文本性質　棗紙簡

在出土簡帛的相關研究中，文本的成書時代是其中的重要問題。關於《參不韋》的成書時代，學界有了一些觀點，但並不完善，也缺乏詳細的論證。申浪指出，清華簡《五紀》《參不韋》具有陰陽家的思想特徵。① 雖然文章沒有明確指出《參不韋》的成書時代，但根據陰陽家所處的時代來看，其成書應當在戰國中晚期。楊衍和陳民鎮指出："儘管我們無法依據抄本年代確定原始文獻的出現時間，但依照現在有限的材料，認爲《五紀》和《參不韋》產生於統一思想彌漫開來、各種學派方案激烈競爭的戰國中晚期，還是較爲穩妥的。"② 李銳認爲有多篇《參不韋》，其篇章的形成、寫定時間當更早，恐怕在戰國早期乃至戰國之前。③ 其他相關的研究雖然沒有明確提及《參不韋》的成書時代，但都集中於戰國時期展開討論。石小力指出："簡文涉及戰國時期思想史、制度史等内容。"④ 馬楠指出："《參不韋》……涉及官制與職官的内容，可以視作戰國時期對早期官制的描述。"⑤ 程浩認爲這是一部"不可多得的戰國思想著作"⑥。賈連翔也指出："這一新見的神祇系統可視爲戰國時期'造神運動'更爲深入的表現。"⑦ 可見，目前學界對《參不韋》的成書時代主要有兩種看法：一種是戰國中後期，另一種是戰國早期甚至更早。從漢語史的角度對《參不

---

* 本文爲教育部人文社會科學重點研究基地重大項目"齊魯文化的形成與中華文明'軸心時代'研究"（項目編號：22JJD770051）的成果。本文是"第五屆文獻語言學青年論壇"參會論文，蒙劉愛敏師指導，謹致謝忱。

① 參看申浪：《清華簡〈五紀〉〈參不韋〉具有陰陽家思想特徵》，《中國社會科學報》，2023 年 2 月 8 日第 10 版。
② 楊衍、陳民鎮：《從清華簡看陰陽家與儒家的交匯》，《中國社會科學報》，2023 年 5 月 15 日第 10 版。
③ 李銳：《〈尚書〉類文獻〈參不韋〉與夏啓繼位的合法性》，《史學史研究》2023 年第 3 期，第 110 頁。
④ 石小力：《清華簡〈參不韋〉概述》，《文物》2022 年第 9 期，第 52 頁。
⑤ 馬楠：《清華簡〈參不韋〉所見早期官制初探》，《文物》2022 年第 9 期，第 56 頁。
⑥ 參看程浩：《清華簡第十二輯整理報告拾遺》，《出土文獻》2022 年第 4 期，第 25 頁。
⑦ 賈連翔：《清華簡〈參不韋〉的禘祀及有關思想問題》，《文物》2022 年第 9 期，第 63 頁。

韋》中的"於""乃""而"進行考察，我們可以發現《參不韋》應當成書於戰國中後期。基於此，可以明確《參不韋》是時人託古以言事之作，其僞託性質也得以明晰。

一、介詞"于""於"所見《參不韋》的成書時代

從漢語史的角度來分析古籍的成書時代具有重要的參考意義。楊伯峻曾說明從漢語史的角度鑒定古籍真僞的重要性："生在某一個時代的人，他的思想活動不能不以當日的語言爲基礎，誰也不能擺脫他所處的時代的語言的影響。儘管古書的僞造者在竭盡全力地向古人學舌，務必使他的僞造品足以亂真，但在落筆成文的時候，無論如何仍然不可能完全阻止當日的語言向筆底侵襲。"①《參不韋》中的文字保留著抄寫時期的原貌，沒有經過後世修改。從"于"和"於"的角度對《參不韋》進行考察，我們可以發現《參不韋》成書時代的一些綫索。

關於介詞"于"和"於"，學界曾有過爭論。王力認爲先秦時期某些書籍中的"于""於""乎"同時應用，很難說純然由於時代不同。② 聞宥則持"于"和"於"的區別是時間的先後這一觀點。③ 後者已經是學界的共識。《參不韋》中"於"的使用情況如表1所示：

表1 《參不韋》中"於"的使用情況

性質	簡文	介進對象性質	簡號
處所介詞：介進與動作行爲相關的處所，動詞＋於，6處	二末同達於四方	抽象	21
	而不聞天之司馬豐隆之徇於幾之陽	具體	33
	乃立於司中之壇……立於上司幾之壇……乃立於尸虘之壇，萬民乃立於而王父、父之位	具體	108－110
對象介詞：介進與動作行爲相關的對象，動詞＋於，13處	日秉日月之機略，以還於其則	抽象	43、44
	以害於其身而罰之、以有益於身而弗罰（6處）	具體	71－75
	乃告於而先高祖之秉德	具體	84
	乃告於下尸虘	具體	85
	乃告於天之不韋	具體	85、86
	七承乃告於上司幾	具體	103
	百有司乃告於尸虘	具體	103、104
	萬民乃告於而先高祖	具體	104

可見，在《參不韋》中，"於"有兩種用法，即處所介詞和對象介詞。處所介詞介進

---

① 楊伯峻：《從漢語史的角度來鑒定中國古籍寫作年代的一個實例：〈列子〉著述年代考》，《楊伯峻學術論文集》，長沙：嶽麓書社1984年版，第143頁。
② 參看王力：《漢語史稿》，北京：中華書局1980年版，第330－333頁。
③ 聞宥指出，甲骨文裏只有"于"而無"於"，春秋末期（公元前500年）的金文中出現"於"。參看聞宥：《"于""於"新論》，《中國語言學報》1984年第2期，第47頁。

與動作行爲相關的處所，共 6 處。而表示介進與動作行爲相關對象的對象介詞有 13 處，都是“動詞＋於”的形式。在春秋時期，“于”（於）在語法方面出現了新的變化，其中之一就是出現了甲骨文中沒有的“對於”義的“於”字。① 從表 1 簡文可知，“以害於其身而罰之”的“於”明顯是“對於”義，意爲對於自身有害就處罰，對於自身有益就不處罰。這種用法集中呈現在簡 71－75 中。因此，《參不韋》的成書時代上限應當不會早於春秋時期。

將目光聚焦於漢語史發展的角度，可以將《參不韋》成書時代的上限進一步推後。“于”早在甲骨文中就已經出現，而“於”最初出現在西周金文中，用作“於呼”，後來逐漸產生了介詞的用法。隨著時代的發展，“於”基本取代“于”。據郭錫良統計，《論語》中用作介詞的“于”有 8 次，“於”有 162 次；《孟子》中“于”有 28 次（其中 18 次引自《詩經》《尚書》），“於”則有 436 次。② 反觀出土文獻，在《清華簡》第一輯的篇目中，4 例“於”出現在記述內容時代最晚的《周武王有疾周公所自以代王之志》和《皇門》中；《繫年》中，時代愈後，“於”字的佔比愈大並最終超過“于”。《繫年》最後三章中，“於”“于”的比例分別爲 2：1、5：3 和 12：1。李學勤指出，《繫年》的寫作大約在楚肅王時（或許再晚一些，在楚宣王時），也就是戰國中期。③ 可見，在這一時期，“於”已經基本代替“于”。楚宣王在位時間爲公元前 370 年到公元前 340 年。因此，我們推測《參不韋》的成書年代應當在楚宣王以後。

但《參不韋》中的“于”和“於”是否存在後人改寫的可能呢？子居認爲《參不韋》成書於春秋前期，簡文的“于”被全部改寫爲“於”。④ 實際上，古人在抄寫或引用古籍時，都會較爲完整地保留原始文獻的面貌。風儀誠考察了郭店楚簡《緇衣》中的“于”字，共出現 3 次，2 次作介詞且是在引用《詩經》《尚書》時出現的，而今本《緇衣》的兩個“于”字仍然存在，這說明抄手並沒有將“于”改寫成已經習慣使用的“於”，而是遵循原著的寫法。⑤ 《參不韋》中的“於”應當保留了文獻的本來面貌，不太可能是古人將“于”改寫而來，而應是當時“於”基本將“于”替代的這一漢語史現象的自然呈現。

從“于”和“於”的功能來說，《參不韋》不存在只需要“於”而無須使用“于”的情況。王力指出，對於“於”的原始意義⑥，用“于”“於”均可；對於“於”的新興意義和新興的語法作用，則必須用“於”。⑦ 但從《參不韋》來看，“於”並沒有出現新興意義而只有原始意義。不使用早出的“于”卻使用晚出的“於”，其中的原因更有可能是歷時嬗變導致時人創作時已經是以“於”爲主了，而非功能的不同。

“于”和“於”的使用是否受到地域性因素的影響，這一點目前也難以判斷。與《參

---

① 參看郭錫良：《漢語史論集》（增補本），北京：商務印書館 2021 年版，第 231 頁。
② 參看郭錫良：《漢語史論集》（增補本），北京：商務印書館 2021 年版，第 230 頁。
③ 參看李學勤：《清華簡〈繫年〉及有關古史問題》，《文物》2011 年第 3 期，第 71 頁。
④ 參看子居：《清華簡十二〈參不韋〉解析（一）》，個人圖書館網，http：//www.360doc.com/content/22/1218/14/34614342_1060696094.shtml，2022 年 12 月 18 日。
⑤ 參看風儀誠：《戰國兩漢“于”“於”二字的用法與古書的傳寫習慣》，武漢大學簡帛研究中心主辦：《簡帛》（第二輯），上海：上海古籍出版社 2007 年版，第 93 頁。
⑥ 這裏的原始意義，指的是表示行爲發生的處所（包括方向等）和時間，以及表示對人的關係。
⑦ 參看王力：《漢語史稿》，北京：中華書局 1980 年版，第 330－333 頁。

不韋》相同，戰國中晚期的包山楚簡也是通篇用“於”。在楚簡中，“於”出現 912 次，“于”只有 25 次。在楚帛書中，“于”出現 7 次，沒有介詞“於”。風儀誠認爲，戰國晚期在楚文化區域生活的人，他們的書寫習慣基本上是將“於”字用作介詞，而楚帛書之所以多用“于”，更可能反映的是早期的用法。① 從這一點來看，《參不韋》確實符合楚地使用“於”的特徵。但“於”的廣泛使用也是戰國時期的共同語特徵，反映的是漢語史發展的共同趨勢。《參不韋》的文字風格屬於典型的楚系文字，也有齊系文字和燕系文字的寫法。② 但這並不能說明《參不韋》最初由楚人創作，反映的是楚人的思想和文化。《參不韋》產生的地域、學派歸屬目前仍沒有確認，很難說《參不韋》使用“於”受到地域性因素的影響。

值得注意的是，簡文中也有一些早期文獻的特徵，但這種特徵存在仿古的可能。在早期文獻中，“有 + S”式複音詞是一種較爲普遍的現象。以《尚書》爲例，雖然《尚書》各篇的成書年代不盡相同且難以確定，但多數篇目約成書于春秋乃至西周時期。較早的年代也使得《尚書》中的語言具有漢語早期語法的一些特點。“有 + S”式複音詞是《尚書》中一種大量出現的語法現象。錢宗武指出，“有”在今文《尚書》中是一個高頻詞，凡 403 處，而“有 + S”式複音詞數量也較多：古文《尚書》有 102 例，今文《尚書》有 62 例，共四種。③《參不韋》中“有”字凡 44 處，“有 + S”式複音詞 12 例。今對《參不韋》中的“有 + S”式複音詞進行考察，如表 2 所示：

表 2　《參不韋》中的“有 + S”式複音詞

性質	簡文	簡號
有 + 動詞，10 例	唯昔方有洪……帝監有洪之德，反有洪之則……以抑有洪	1–2、5
	百有司④	7、97、103、109
	有某，某唯乃某	86
	某有某□後乃與某	95
	唯昔方有洪，溢戲，高其有水，權其有中	110、111
有 + 動詞，1 例	乃圖其達，乃事其有發，乃憂其廢	21、22
有 + 形容詞，1 例	下有虩虩，上有皇皇⑤	92、93

① 參看風儀誠：《戰國兩漢“于”“於”二字的用法與古書的傳寫習慣》，武漢大學簡帛研究中心主辦：《簡帛》（第二輯），上海：上海古籍出版社 2007 年版，第 86 頁。

② 參看石小力：《清華簡〈參不韋〉概述》，《文物》2022 年第 9 期，第 54 頁。

③ 今文《尚書》“有 + S”式凡 62 例。一是“有 + 專有名詞”，共 44 處，如《湯誓》：“有夏多罪，天命殛之。”二是“有 + 普通名詞”，共 12 處，如《皋陶謨》：“天敘有典。”三是“有 + 動詞”，共 4 處，如《盤庚中》：“曷不暨朕幼孫有比？”四是“有 + 形容詞”，共 2 處，如《酒誥》：“厥棐有恭。”參看錢宗武：《〈尚書〉“有 + S”式專論》，《湖南師範大學社會科學學報》1995 年第 3 期，第 100 頁。

④ 百有司，即百司，百官。王引之：“司曰有司，正曰有正……三宅曰三有宅，三俊曰三有俊。”參看王引之撰，黃侃、楊樹達批本：《經傳釋詞》，長沙：嶽麓書社 1984 年版，第 63、64 頁。

⑤ 這裏的“有”也可以解爲動詞。

《參不韋》中的"有＋S"式共三種情況：第一種是"有＋名詞"，凡 11 處。其中，"有洪"佔了多數。第二種是"有＋動詞"，凡 1 處。"達""發""廢"相錯而見，都是動詞。"發"，發揚，彰顯。《詩經·商頌·長發》有"浚哲維商，長發其祥"，《箋》云："深知乎維商家之德也，久發見其禎祥矣。"① 此句意爲要圖謀天道通達、顯露，憂慮天道之廢。"達""廢"前都無"有"字，可見這裏的"有發"也是"有＋S"式。第三種是"有＋形容詞"，凡 1 處。整理者指出，金文作"虩虩"，文獻作"赫赫"②，即盛大顯著；"皇皇"即"美也""莊盛""著明"。簡文意爲上下皆光明美好。在"有＋名詞"中，有三例"其有"尤其值得注意。劉成群指出，在商與周初的文獻中經常見到"其有……"這樣的結構，並且清華簡《尹至》《尹誥》中也有這種用法。③ 今文《尚書》中，這類用法有"商今其有災"（《微子》）、"皇建其有極"（《洪範》）、"會其有極，歸其有極"（《洪範》）等十餘處。

可見，《參不韋》具有《尚書》的一些語法詞彙特徵，但不能據此說明《參不韋》的成書時代與《尚書》中的有關篇目相當。關於"有＋S"這類用法，王力指出："到了戰國以後，除了仿古之外，就不再有這一類的詞頭了。"④《黃帝四經》約成書於戰國中期，其文本中的"有"凡 180 例，其中絕大多數爲動詞，但也有少數"有＋名詞"式複音詞，如"有國將昌，當罪先亡"（《論》）、"有國將亡，當罪復昌"（《亡論》）、"國家無幸，有延其命"（《兵容》）。⑤ 值得注意的是，《稱》中有 6 例這種用法⑥，但都是"有＋名詞"的形式，不見另外兩種，這也反映了"有＋動詞"和"有＋形容詞"的衰退。《參不韋》和《黃帝四經》中的這種用法應當是仿古。

二、人稱代詞"乃""而"所見《參不韋》的成書時代

人稱代詞"乃"（而）也有一個漫長的發展時期。早在殷商時期，用作第二人稱的"乃"就已經出現了。⑦"而"用作第二人稱則出現在西周金文中。在《參不韋》中，用作第二人稱代詞的"乃"有 7 處，如表 3 所示：

---

① 毛亨傳，鄭玄箋，孔穎達等正義：《毛詩正義》，阮元校刻：《十三經注疏》，北京：中華書局 1980 年版，第 626 頁。

② 叔尸鎛銘文有"虩虩成湯，有嚴在帝所"，整理者注爲"赫赫"。中國社會科學院考古研究所編：《殷周金文集成》（修訂增補本）（第一冊），北京：中華書局 2007 年版，第 343 頁。

③ 參看劉成群：《清華簡與古史甄微》，上海：上海古籍出版社 2016 年版，第 70 頁。

④ 王力：《漢語史稿》，北京：中華書局 1980 年版，第 219 頁。

⑤ 陳鼓應注譯：《黃帝四經今注今譯》，北京：商務印書館 2016 年版，第 142、163、282 頁。

⑥ 如"有物將來""有身弗能保""有國存""有國將亡""有宗將興""有宗將壞"。《稱》是《黃帝四經》的第三篇，類似於古代格言和諺語的彙編，段與段之間並沒有必然的聯繫。

⑦ 參看蔣書紅：《"乃"作人稱代詞通考》，《求索》2011 年第 2 期，第 203 頁。同時，蔣書紅指出，殷墟甲骨文中含有人稱代詞"乃"的句子只有 3 例。

表3　《參不韋》中用作第二人稱代詞的"乃"

簡文	屬格	稱數	成分	簡號
天則不遠，在乃身				24
自乃頂以及乃末指				28
天監乃德，表乃則	領格	單數	定語	79、80
乃告於而先高祖之秉德，及乃嫡王父				84
汝不亟天之命，以從乃德				120
乃自則乃身				120、121

"而"有8處，如表4所示：

表4　《參不韋》中用作第二人稱代詞的"而"

簡文	屬格	稱數	成分	簡號
而不聞天之司馬豐隆之徇於幾之陽	主格		主語	33
而不聞而先祖伯鯀不已帝命	前主格，後領格		前主語，後定語	34
而視而考父伯禹象帝命	前主格，後領格	單數	前主語，後定語	35
乃稱而邑及家	領格		定語	39
乃而先祖、王父、父執其成	領格		定語	48、49
乃告於而先高祖之秉德	領格		定語	84

　　張玉金指出，在春秋語料①中，第二人稱的"乃"和"而"極爲少見：在春秋金文中，"乃"9例，"而"4例；《尚書》中的《文侯之命》和《秦誓》是春秋中期以前的，"乃"2例，不見"而"。② 第二人稱代詞的"乃"和"而"在《參不韋》中至少有15處，比春秋文獻的總數還多。而到了戰國時期，第二人稱的"而"和"乃"則大量出現。根據胡偉和張玉金的統計，在傳世戰國文獻中，"而"作主語20例，定語59例，賓語2例；"乃"作定語10例，兼語1例。③《參不韋》沒有經過後世改動，其中的"乃"和"而"也保留了戰國時期的原貌。因此，從數量上看，出現大量對稱代詞"而""乃"的《參不韋》不太可能是春秋時期產生的。

　　從性質和功能上看，張玉金所舉春秋語料中的4處"乃"都是單數，且都是領格，作定語成分。④ 但簡文中的"乃"已經出現了春秋時期不存在的作主格的情況。王力指出，

　　① 這裏的春秋語料，指的是可靠的春秋時期的文獻：一是《詩經》中的《魯頌》《商頌》和《國風》；二是《尚書》中的《秦誓》《文侯之命》；三是《春秋》；四是春秋金文。
　　② 參看張玉金：《春秋出土與傳世文獻第二人稱代詞研究》，教育部人文社會科學重點研究基地華東師範大學中國文字研究與應用中心主辦，華東師範大學語言文字工作委員會協辦：《中國文字研究》（2008年第二輯），鄭州：大象出版社2008年版，第20–22頁。
　　③ 參看胡偉、張玉金：《戰國至西漢第二人稱代詞句法功能研究》，《長江學術》2010年第4期，第105頁。
　　④ 這四例爲："余經乃先祖"（《叔夷鐘銘》，《集成》1·278）、"汝康能乃有吏罘乃敵寮"（《叔夷鐘銘》，《集成》1·278）、"虔敬乃後"（《吳王光鑒銘》，《集成》16·10299）、"汝克紹乃顯祖"（《尚書·文侯之命》）。

從殷代到西周，"朕"和"乃"（而）只限用於領格，春秋戰國以後，"朕"字漸漸兼用於主格了，但是"乃"（而）仍以用於領格爲常。[①]"而"雖然以領格爲常，但已經出現了春秋語料中不具備的主格的情況。從表4可知，"而"的屬格已經出現了主格，在句中以第二人稱的主語出現。並且在一句中，"而"字同時出現兩種屬格情況。

　　從第二人稱代詞"乃"和"而"的發展規律來看，《參不韋》應當成書於戰國時期。結合《參不韋》和春秋語料來看，"乃"字的用法一脉相承。胡偉和張玉金指出，從秦到漢初，"而"只能用作主語和定語，不能用作賓語，作定語是秦至漢初時期的主要功能。[②]《參不韋》也具有這一特點。

　　值得注意的是，《參不韋》的"乃"和"而"都出現了作他稱代詞的情況。二者本存在互通的情況。王引之指出："而，猶'乃'也。"[③] 王力也認爲"'乃'是'而'的變相"[④]。"乃"在西周至戰國期間已出現他稱代詞的用法，但"而"作他稱代詞的情況較爲少見。簡文爲"七承乃告於上司幾，下尸寏，及而先高祖、王父、父""百有司乃告於尸寏，及乃先高祖、王父、父"和"萬民乃告於而先高祖，及而王父、父"。這裏的"及而（乃）"與"及其"相似，是他稱代詞。這兩例的語境是參不韋向啓說明禱告的對象。"各稱乃位乃告"可以看出三者各有自己的禱告對象。這三句簡文意爲七承、百有司和萬民各自向他們的先祖禱告。"而"作他稱代詞的這種用法不見於春秋語料，但在戰國文獻中卻多有出現。《莊子·外物》："是丘也，召而來。"[⑤]《戰國策·趙策三》："勝請召而見之於先生。"[⑥] 秦圍邯鄲發生在公元前257年[⑦]，這說明在公元前257年前後，"而"已經出現了他稱代詞的用法。戰國文獻《韓非子》中有兩例這種用法，分別是《二柄》"爲人臣者陳而言"和《内儲說下·六微》"僖侯曰'召而來'"[⑧]。可見，"而"在韓僖侯時就出現了他稱代詞的用法。關於《韓非子》中"而"的這兩個他稱代詞的用法，徐適端指出："語言發展的現象是錯綜紛繁的，是不平衡的，如上述極少的例外現象自然就不可避免。"[⑨] 但結合上文所舉傳世文獻和《參不韋》的例證來看，這種用法可能並非"極少的例外現象"。這種特殊的語法現象有待進一步研究。韓僖侯在位時間爲公元前362年至公元前333年，與楚宣王在位時間部分重合。《參不韋》的抄寫時代爲公元前335年到公元前275年。這一時間段與楚宣王在位時間相去不遠，與韓僖侯在位時間有3年重合。因此，《參不韋》的成書時代與抄寫時代相距應當不會太遠。

　　"也"字具有鮮明的時代性。"也"的使用在春秋戰國時期開始興起。《尚書》中並沒有用以離章斷句的"也"。《參不韋》中"也"共16處。簡52有1處，其餘15處集中於

---

①　參看王力：《漢語史稿》，北京：中華書局1980年版，第259、260頁。

②　參看胡偉、張玉金：《戰國至西漢第二人稱代詞句法功能研究》，《長江學術》2010年第4期，第109頁。

③　王引之撰，黄侃、楊樹達批本：《經傳釋詞》，長沙：嶽麓書社1984年版，第63、64頁。

④　參看王力：《漢語史稿》，北京：中華書局1980年版，第258頁。

⑤　郭慶藩撰，王孝魚點校：《莊子集釋》，北京：中華書局2012年版，第923頁。

⑥　何建章注釋：《戰國策注釋》，北京：中華書局2019年版，第798頁。

⑦　于邵：《戰國策年表》，何建章注釋：《戰國策注釋》，北京：中華書局2019年版，第1419頁。

⑧　王先慎撰，鍾哲點校：《韓非子集解》，北京：中華書局1998年版，第40、253頁。

⑨　徐適端：《〈韓非子〉人稱代詞的使用特點》，《西南師範大學學報》（哲學社會科學版）1990年第1期，第111頁。

簡65、66、69-79。從簡69到簡79，參不韋對啓進行了集中告誡，提出了大量概念，如"內基""外基""內崩""外崩""內罰""外罰"等，行文對稱嚴謹。"也"字的大量出現是戰國文獻的語言特色，但這並不能作爲《參不韋》成書於戰國時期的證據。《參不韋》中的"也"存在文本流傳過程中戰國時人所增這一可能。如果我們考察《周武王有疾周公所自以代王之志》，可以發現其中的端倪。今本《尚書·金縢》中並無"也"字，但《周武王有疾周公所自以代王之志》中有"也"字4處，分別爲"爾元孫發也""惟爾元孫發也"（簡3），"不若旦也"（簡4），"是歲也"（簡9）①。羅新慧也指出了這一現象。② 這說明《金縢》在戰國時人抄寫過程中有意無意間加入了戰國時期的文本特點。因此，《參不韋》自然也完全存在這種可能。這只是文本流傳過程中的簡單改動。但不只是簡單的添字，從高度對稱的簡64-79的內容來看，《參不韋》的文本內容可能也經過了改動。劉成群認爲，清華簡《湯在啻門》《湯處於湯丘》經過了戰國黄老學派的改寫，《殷高宗問於三壽》也存在被儒家改寫的可能。③《參不韋》是否存在被戰國某學派改寫的情況則需要對文本內涵進行深入發掘。

三、"造作故事" 的託古之作

在已公佈的清華簡系列簡文中，有一類言稱三代的典籍。從《清華簡》第一輯中的《尹至》《尹誥》等到後來的《赤鵠之集湯之屋》《殷高宗問於三壽》《五紀》《參不韋》等，這類文獻都言及上古三代的帝王賢臣。在這類文獻中，一部分與《尚書》關係密切。學界將這類文獻稱爲"書"類文獻，或《尚書》類文獻等。④ 這類文獻頗有"造作故事"的特點。

余嘉錫在《古書通例》中指出，諸子百家之說"因文見意，隨物賦形"主要有七個緣故，第一個便是"託之古人，以自尊其道"。隨後，余嘉錫援引《韓非子·顯學》："孔子、墨子，俱道堯、舜，而取捨不同，皆自謂真堯、舜。堯、舜不復生，將誰使定儒、墨之誠乎？殷、周七百余歲，虞、夏二千餘歲，而不能定儒、墨之真。今乃欲審堯、舜之道於三千歲之前，意者其不可必乎？"⑤ 韓非了認爲，孔、墨所稱堯、舜，都是各有所取，並非真實的堯、舜，而真實的堯、舜已經無法判斷了。與孔、墨"道堯、舜"相類，《參不韋》的作者也道聖王——夏啓。不過，與堯、舜不同，《參不韋》中的夏啓是一個接受者，"堯、舜"所相對的是"參不韋"。更進一步，"堯、舜"對應的是"參不韋"授予啓的

　　① 清華大學出土文獻研究與保護中心編，李學勤主編：《清華大學藏戰國竹簡》（壹），上海：中西書局2010年版，第158頁。

　　② 參看羅新慧：《〈尚書·金縢〉篇芻議》，《史學史研究》2014年第2期，第106頁。

　　③ 參看劉成群：《清華簡與古史甄微》，上海：上海古籍出版社2016年版，第69-74頁。

　　④ 關於學界的有關討論，詳見李學勤：《清華簡與〈尚書〉〈逸周書〉的研究》，《史學史研究》2011年第2期，第104-109頁；程浩：《有爲言之：先秦"書"類文獻的源與流》，北京：中華書局2021年版；劉成群：《清華簡與古史甄微》，上海：上海古籍出版社2016年版，第52頁；劉光勝：《清華簡與先秦〈書〉經傳流》，《史學集刊》2012年第1期，第76-85頁；李銳：《清華簡第九冊〈成人〉篇爲〈尚書〉類文獻說》，《史學史研究》2020年第2期，第1-6頁；等等。

　　⑤ 余嘉錫：《目錄學發微　古書通例》，北京：中華書局2009年版，第253頁。

"五刑則"。這種形式與《莊子·寓言》有相通之處。《莊子·寓言》"寓言十九，重言十七"，成玄英《疏》："世人愚迷，妄爲猜忌，聞道己説，則起嫌疑，寄之他人，則十言而信九矣。"① 作者的目的在於將自己的主張披上聖王乃至神靈所出的合法外衣，以增强説服力，獲取統治者的信任，即"名託古人，事皆烏有"②。正如程浩所説："《洪範》中禹用'洪範九疇'使'彝倫攸叙'，以及《五紀》中后帝通過'修歷五紀'使'有洪乃彌'，其實都出自春秋戰國時期的思想家造作故事後的自我表達，是他們爲感君而擬寫的思想綱領與社會治理方案。"③ 這種説法也適用於《參不韋》。

"五刑則"的授予則是通過"設爲故事以證其義，假爲問答以盡其辭"④ 的方式來完成的。《參不韋》以洪水開篇，以四支簡的内容交代了洪水作亂—不韋揆中—洪水平息—天帝作刑的經過。這是一個具有完整情節的開篇。之後的内容便是參不韋將五刑則授予啓並進行了一系列告誡。不只是《參不韋》，《五紀》也以洪水開篇，並且二者的行文十分接近。與《參不韋》高度相似的《洪範》也以洪水開篇。這類文獻都是以賢人、能臣或神靈將治世法則傳授給人間帝王爲主題。在《參不韋》中，面對洪水氾濫，帝"作五刑則"來"以抑有洪"。正與"洪範九疇"使"彝倫攸叙"，"修歷五紀"使"有洪乃彌"如出一轍。在《黄帝四經·成法》中，黄帝面對"猾民將生，佞辯用智，不可法組"⑤ 的問題，向力黑請教。力黑稱"循名復一"爲治世之道。並且在黄帝的進一步詢問中，力黑道出了"循名復一"的來源——皇天派鳳⑥到人間傳道，五帝施行後則民無亂紀。可見，正是皇天派鳳下道"循名復一"使"民無亂紀"。三者關係如表5所示：

表5　《參不韋》《黄帝四經·成法》《尚書·洪範》三者關係

内容	文獻		
	《參不韋》	《黄帝四經·成法》	《尚書·洪範》
至上神	帝、天	皇天	帝
使者、傳授者	參不韋	鳳	天
人間帝王	啓	五帝	禹
治世法則	五刑則	循名復一	洪範九疇

可見，三者的行文方式幾乎如出一轍。對於這種頗具故事性的敘事方式，曹峰根據《五紀》指出："這種由亂到治，或者由治到亂再到治的敘事模式在先秦文獻中非常多見……這是一種套路，甚至是古人的戲文，即天現妖祥—世間大亂—聖人救世—天下太平。套路不變，人物可變。這種加入歷史、宗教、神話和道德的戲文，有正面形象和負面形象

---

① 郭慶藩撰，王孝魚點校：《莊子集釋》，北京：中華書局2012年版，第939頁。
② 余嘉錫：《目錄學發微　古書通例》，北京：中華書局2009年版，第260頁。
③ 程浩：《清華簡〈五紀〉思想觀念發微》，《出土文獻》2021年第4期，第3頁。
④ 余嘉錫：《目錄學發微　古書通例》，北京：中華書局2009年版，第258頁。
⑤ 陳鼓應注譯：《黄帝四經今注今譯》，北京：商務印書館2016年版，第286頁。
⑥ 即天帝使者，頒佈號令者。

的激烈博弈，從而呈現強烈的戲劇性，爲人喜聞樂見，同時又成爲古史傳承、道德教化的重要載體，容易得到統治階層的重視，所以能夠代代相傳。"① 《參不韋》和《黃帝四經·成法》亦然。在這種敘事模式中，"洪水"或其他災難只是手段，目的在於創造一個天下大亂的故事背景。這類文獻雖然以洪水氾濫開篇，卻並沒有在後續交代治理洪水的具體措施。"洪水"其實是文獻作者爲了引出其主張而使用的一個"引子"。這類故事都是所謂"畏累虛、亢桑子"之言。

　　《參不韋》這類文獻的重點並不在於故事本身的真偽，而在於"自尊其道"與"證其義"。而爲了"尊其道""證其義"，則必須借助文獻中記載的廣爲人知的歷史事件。同時，這類文獻的文本背景、行文敘事必有所託，"道""義"也必有所本。簡文提到了啓的父親禹和祖父鯀。簡文曰："啓，而不聞而先祖伯鯀不已帝命，而不葬。啓，而視而考父伯禹象帝命，而緘在𫐐商。"啓的先祖鯀不待帝命，結果死而不葬；禹生能夠效法帝命，死能夠依古法喪葬。鯀、禹治水的故事見於多種文獻。《山海經·海內經》有"鯀竊帝之息壤以堙洪水，不待帝命。帝令祝融殺鯀於羽郊"②。《國語·晉語八》也提及"昔者鯀違帝命，殛之於羽山"③。洪水故事可以說是上古神話傳說的母題。與這一母題緊密相關的便是鯀、禹治水。這類故事有一個基本的框架：往古之時洪水氾濫，鯀無法平息洪水，禹則成功治理。各個文獻記載的具體細節則各有不同。《參不韋》沒有明確提到鯀和禹治理洪水，只是說前者不待帝命而後者能夠效法帝命，並隱晦提到了"高岸爲谷，深谷爲陵"。總體來看，《參不韋》與春秋戰國文獻對鯀和禹的描述基本吻合。正如程浩所說，《參不韋》作者對於夏代歷史的認知，總體上沒有逾越《堯典》《左傳》《國語》《墨子》等春秋戰國文獻，絕大部分內容都能找到對應的記載。④

　　《參不韋》中，參不韋授予啓的五刑則是核心內容。可以說，五刑則也是簡文作者所要遵從的"道"和"義"。而五刑則作爲治國的根本綱領和指導，多有所依據，並非完全虛構。將《尚書·洪範》的"八政"和《參不韋》的"五行則"相比較，我們可以發現二者的相通之處，如表6所示：

表6　《尚書·洪範》與《參不韋》的比較

《尚書·洪範》	《孔傳》等	《參不韋》
一曰食	勤農業	司空……四郊之赴稼穡
		司馬還封疆稼穡
二曰貨	寶用物	賈修市價價……朋
三曰祀	敬鬼神以成教	祝乃修宗廟，彝器，典祭祀犧牲，及百執事之敬

①　曹峰：《洪水與裁亂：清華簡〈五紀〉中的兩個重要元素》，《江淮論壇》2023年第6期，第33頁。
②　郝懿行撰，欒保群點校：《山海經箋疏》，北京：中華書局2019年版，第393頁。
③　徐元誥撰，王樹民、沈長雲點校：《國語集解》，北京：中華書局2002年版，第437頁。
④　參看程浩：《清華簡〈參不韋〉中的夏代史事》，《文物》2022年第9期。

（續上表）

《尚書·洪範》	《孔傳》等	《參不韋》
四曰司空	主空土以居民	司工正萬民，乃修邦内之經緯城郭，濬污行水，及四郊之赴稼穡
五曰司徒	主徒衆，教以禮義	征徒正四郊之閑及徒戎
六曰司寇	主奸盜，使無縱	司寇修殘賊、殺伐、仇讎、間諜及水火
		士修邦之寇盜
七曰賓	禮賓客，無不敬。鄭玄：掌諸侯朝覲之官	史乃定歲之春秋冬夏，發晦朔，秉法則儀禮，典卜筮以行歲事與邦赴
八曰師	簡師所任必良，士卒必練	司馬展甲兵戎事

可見，五刑則的第一層含義"五則""五行""五音""五色""五味"幾乎可以和《尚書·洪範》中的"八政"，即"食""貨""祀""司空""司徒""司寇""賓""師"相互對應。"八政"第一爲"食"，而司空、司馬皆掌管農耕活動。"貨"爲物資器用，"賈"則管理市場、價格。"祀"爲祭祀敬鬼神之事，"祝"掌管祭祀。"司空"掌管空閒土地、居住情況，"司工"掌管萬民、道路、城郭。"司徒"掌管禮義，"征徒"則使國人馴順。"司寇"和"士"都掌管盜賊。"賓"掌管賓客、禮儀，"史"秉持法則儀禮。"師"執掌軍旅、練兵，"司馬"掌管軍隊和戰爭之事。二者幾乎一一對應，或許有相同的文獻來源。除《尚書》外，馬楠也指出："《參不韋》涉及早期職官與職文可能也是《周禮》文獻來源之一。"①

在文體上，《參不韋》是一篇告誡體文獻，以參不韋主動訓誡爲主，但也存在"假爲問答以盡其辭"，如簡58-59：

啓，乃疇諸曰：參不韋，乃象天之刑則，秉【五八】民之中。民穢多則凶比亂，不以其情，乃恐不得其中。

疇諮，整理者注爲諮詢。這是簡文中啓唯一一次主動向參不韋發起的對話。啓陳述了秉持"中"②的重要性。參不韋隨後也向啓強調要做到"中"，並進一步闡明不奉行"中""奉不刑不韋"的後果。

四、棗紙簡中的《三不韋》

"參不韋"之名並非只見於清華簡。趙曉斌指出，在湖北荆州棗林鋪戰國楚墓竹簡中有

---

① 馬楠：《清華簡〈參不韋〉所見早期官制初探》，《文物》2022年第9期，第58頁。
② 這裏的"中"，有公平公正的内涵。

一篇《詩書之言（甲篇）》，其中也見"三不韋"之名，簡文曰："於三不韋曰女毋愁天之德而保於天之又命■。"趙曉斌指出簡文與《墨子·非命》存在聯繫：

>　《墨子·非命中》："有於三代不國有之曰女毋崇天之有命也命三不國亦言命之無也。"清人孫詒讓撰、今人孫啓治點校《墨子閒詁》斷句爲："有於《三代》《不國》有之，曰：'女毋崇天之有命也。'命《三》《不國》亦言命之無也。"孫詒讓注："上有字當讀爲又。蘇云：'所引蓋古逸書，"不"字疑誤。'詒讓案：'不'疑當作'百'，《三代》《百國》，或皆古史記之名。《隋書·李德林傳》引《墨子》云：'吾見百國春秋。''命三'疑當爲'今三'，下當脫'代'字。"
>
>　　今案：上引《墨子·非命中》"三代"之"代"應爲衍文，"不國"之"國"當爲"圍"字之訛。"圍"即"韋"。"三不圍"即棗紙簡之"三不韋"，亦即清華簡之"參不韋"。因此，《墨子·非命中》原文應作"有（又）於《三不圍（韋）》有之曰：'女（汝）毋崇天之有命也。'今《三不圍（韋）》亦言命之無也。棗紙簡《詩書之言（甲篇）》亦可標點爲："於（於）《三不韋》曰：'女（汝）毋愁（忱）天之德，而保於（於）天之又（有）命。'■"①

根據簡文內容來看，《詩書之言（甲篇）》的這句話並沒有出現在清華簡《參不韋》中。《詩書之言（甲篇）》此句的思想也與清華簡《參不韋》相反。針對這種情況，李鋭指出，"《三不韋》可能不止一篇，在別的篇章裏，大概有三不韋對啓之言，告誡他不要依仗有天命而爲非作歹。所以才有《墨子》的'汝毋崇天之有命'，'《三不韋》亦言命之無也'，才有棗陽簡的'汝毋忱天之德，而保於天之有命'。"② 李鋭認爲有多篇《三不韋》，這一觀點審慎精到。因爲具體來看，這多篇《參不韋》關於"命"的內容並不完全一致。《墨子》"非命"思想的核心是反對"定命""時命"，而非商周以來的"天命"。《非命上》有"執有命者不仁"③，《非命中》也說"執有命者，此天下之厚害也"④。《墨子》中的"天之有命"是定命、時命，而非天命，"亦言命之無也"則是說不存在定命、時命。而清華簡《參不韋》則大談"天命"，側重點與《墨子·非命》的思想並不一致。

要討論這一問題，還需要分析棗紙簡"汝毋忱天之德，而保於天之有命"。忱，意爲相信，且多與天命搭配使用。《詩經·大雅·大明》有"天難忱斯，不易惟王"，毛傳"忱，

　①　趙曉斌：《據清華簡〈參不韋〉校〈墨子〉一則》，簡帛網，http：//m. bsm. org. cn/？chujian/8802. html，2022年10月1日。
　②　同時，李鋭認爲《參不韋》屬於《尚書》類文獻，內容與《洪範》有關，屬於夏書。從《墨子》引之、棗陽簡引之、清華簡有之來看，《參不韋》成書的絕對年代下限應該大致同於清華簡的年代。而竹簡經過抄寫、流傳，其篇章的形成、寫定時間當更早，恐怕在戰國早期乃至戰國之前。參看李鋭：《〈尚書〉類文獻〈參不韋〉與夏啓繼位的合法性》，《史學史研究》2023年第3期，第110頁。
　③　孫詒讓撰，孫啓治點校：《墨子閒詁》，北京：中華書局2001年版，第265頁。
　④　孫詒讓撰，孫啓治點校：《墨子閒詁》，北京：中華書局2001年版，第278頁。

信也"，鄭箋"天之意難信也"。① 此句意爲"你不要相信天德，（不要認爲）自己保有天之有命"。從文意來看，棗紙簡此處的"天之有命"是天命還是時命尚無法判斷。但趙曉斌所說"《詩書之言》分爲四篇（篇名及順序皆今擬），内容是對詩、書類文獻的摘抄彙編，各篇旨趣分别與墨家思想'非命''非樂''天志''明鬼'相關"②。如此，將"天之有命"按《墨子》的"非命"思想理解爲時命是較爲穩妥的。在清華簡《參不韋》中，參不韋對啓的告誡以遵循天命、不能違逆天命爲主。簡文中的"天（帝）命""天（帝）之命"共7處，有敬順天命和不能違逆天命兩種含義，並沒有明確的"時命"之"命"出現。③ 從這一點來看，清華簡《參不韋》雖然也提及"命"，但與《墨子》的"非命"思想並不相關。

因此，棗紙簡和《墨子·非命》提及的"命"應當都爲"定命"，與清華簡《參不韋》的"天命"並不一致。關於這種情況，正如李鋭所說：

> 是否可以說在最初出現的是口傳的文本，就故事而言，它講述一個事情；就思想家而言，它反映一個人的思想，此是思想的起源（但是這個起源也有歷時性差别，有早期語與後期言的不同）。故事、思想、言論由於記載、引用、篇章别行，乃至前後期寫作不同，口傳到記錄的歷時差異，復述時的差舛，而形成了構成故事情節、反映思想的諸多彼此主題思想、主體内容相似的"族本"系統，這是文本的源頭。這裏的"族本"，是借用維特根斯坦（Ludwig Wittgenstein）的"家族相似"（family resemblance）這一觀念。
>
> 各"族本"很可能不是同時或大略同時形成的，口傳文本變爲文字文本的時間有早有晚。後來出於某些原因，某些文本得以凸顯，其他文本逐漸邊緣化。因此，在多源多流的情況下，"族本"各系統之間彼此或多或少地相似，甚至允許思想的差别。④

這種多源多流的"族本"主體思想大致相似，而語言則有所差别。雖然主體思想大致相似，甚至會有"思想的差别"，但具體内容可能各有不同。正如李鋭所說："各'族本'之間，個别思想可能由於哲學家本人的思想變化、不同場合的評論，以及整理、記錄者的理解、口傳到記錄時的流變而小有差異，但主題思想應該相近。"⑤ 思想上的變化則是根據文本内容的變化產生的。《詩書之言》言定命和對定命的否定並不與清華簡《參不韋》大談"天命"相沖突，這只是二者在内容上的差别。《墨子》所引《三不韋》與《詩書之言

① 毛亨傳，鄭玄箋，孔穎達等正義：《毛詩正義》，阮元校刻：《十三經注疏》，北京：中華書局1980年版，第568頁。

② 趙曉斌：《據清華簡〈參不韋〉校〈墨子〉一則》，簡帛網，http：//m. bsm. org. cn/？chujian/8802. html，2022年10月1日。

③ 參看拙作：《清華簡〈參不韋〉中的"天""帝"形象與神靈》，陳松長主編：《出土文獻與古史研究》（第三輯），待刊。

④ 李鋭：《去囿與重構：古典文獻研究新觀念與方法探索》，北京：中國社會科學出版社2023年版，第70–71頁。

⑤ 李鋭：《去囿與重構：古典文獻研究新觀念與方法探索》，北京：中國社會科學出版社2023年版，第99頁。

(甲篇)》提及的《三不韋》思想相近，都是對"時命"的否定，二者所引可能是同一篇《三不韋》。清華簡《參不韋》對"命"的討論則與前二者不同。因此，可能存在多篇《參不韋》，只是各篇的內容有所不同。

五、結論

從漢語史角度出發對《參不韋》的成書時代進行考察，我們可以發現，《參不韋》大致成書於戰國中後期，與抄寫時代相距不遠。至於本文所討論的成書的具體時間，則只是一種推測，供學界參考。文字的使用除了受到漢語史演進的影響外，也受到諸如文本形成地域的書寫習慣、抄寫人的習慣等眾多因素的影響。出土文獻成書時代的判定是一個牽涉眾多學科的複雜問題，很難有確切的時間點。

余嘉錫指出："是故諸子之書，百家之說，因文見意，隨物賦形。或引古以證其言，或設喻以宣其奧……夫引古不必皆虛，而設喻自難盡實，彼原假此爲波瀾，何須加之以考據。"[1]《參不韋》的作者通過虛構"參不韋"這一神靈，使其訓誡三代聖王夏啓來陳述自己的主張，與余嘉錫所謂"造作故事"如出一轍，其目的在於"自尊其道"。程浩也指出，《參不韋》和《尚書》中的堯、舜、禹等人物都是假託，其用意爲余嘉錫所說的"託之古人，以自尊其道"；這類作品宣揚的是戰國人的思想，講述的是戰國人認識中的古史。[2]

根據《詩書之言》與《墨子》的聯繫來看，《詩書之言》的"天之有命"應當指墨家所指斥的時命、定命，而並非清華簡《參不韋》所討論的殷周以來的"天命"。棗紙簡《三不韋》與清華簡《參不韋》可能是"旅本"的關係，二者關於"命"的內容有所差別但並不衝突，因此可能存在多篇《參不韋》。本文所討論的只是一種推測，至於三者的進一步研究則有賴於更多資料的公佈。

參考文獻

［1］陳鼓應注譯：《黃帝四經今注今譯》，北京：商務印書館 2016 年版。

［2］程浩：《清華簡第十二輯整理報告拾遺》，《出土文獻》2022 年第 4 期。

［3］程浩：《有爲言之：先秦"書"類文獻的源與流》，北京：中華書局 2021 年版。

［4］程浩：《清華簡〈五紀〉思想觀念發微》，《出土文獻》2021 年第 4 期。

［5］程浩：《清華簡〈參不韋〉中的夏代史事》，《文物》2022 年第 9 期。

［6］曹峰：《洪水與勘亂：清華簡〈五紀〉中的兩個重要元素》，《江淮論壇》2023 年第 6 期。

［7］風儀誠：《戰國兩漢"于""於"二字的用法與古書的傳寫習慣》，武漢大學簡帛研究中心主辦：《簡帛》（第二輯），上海：上海古籍出版社 2007 年版。

［8］胡偉、張玉金：《戰國至西漢第二人稱代詞句法功能研究》，《長江學術》2010 年第 4 期。

［9］何建章注釋：《戰國策注釋》，北京：中華書局 2019 年版。

［10］郝懿行撰，欒保群點校：《山海經箋疏》，北京：中華書局 2019 年版。

---

① 余嘉錫：《目錄學發微　古書通例》，北京：中華書局 2009 年版，第 253 頁。
② 參看程浩：《清華簡〈參不韋〉中的夏代史事》，《文物》2022 年第 9 期，第 66 頁。

［11］郭慶藩撰，王孝魚點校：《莊子集釋》，北京：中華書局 2012 年版。

［12］郭錫良：《漢語史論集》（增補本），北京：商務印書館 2021 年版。

［13］賈連翔：《清華簡〈參不韋〉的禱祀及有關思想問題》，《文物》2022 年第 9 期。

［14］蔣書紅：《“乃”作人稱代詞通考》，《求索》2011 年第 2 期。

［15］李銳：《〈尚書〉類文獻〈參不韋〉與夏啓繼位的合法性》，《史學史研究》2023 年第 3 期。

［16］李銳：《清華簡第九冊〈成人〉篇爲〈尚書〉類文獻說》，《史學史研究》2020 年第 2 期。

［17］李銳：《去囿與重構：古典文獻研究新觀念與方法探索》，北京：中國社會科學出版社 2023 年版。

［18］李學勤：《清華簡〈繫年〉及有關古史問題》，《文物》2011 年第 3 期。

［19］李學勤：《清華簡與〈尚書〉〈逸周書〉的研究》，《史學史研究》2011 年第 2 期。

［20］劉成群：《清華簡與古史甄微》，上海：上海古籍出版社 2016 年版。

［21］劉光勝：《清華簡與先秦〈書〉經傳流》，《史學集刊》2012 年第 1 期。

［22］羅新慧：《〈尚書·金縢〉篇芻議》，《史學史研究》2014 年第 2 期。

［23］馬楠：《清華簡〈參不韋〉所見早期官制初探》，《文物》2022 年第 9 期。

［24］清華大學出土文獻研究與保護中心編，李學勤主編：《清華大學藏戰國竹簡》（壹），上海：中西書局 2010 年版。

［25］清華大學出土文獻研究與保護中心編，黃德寬主編：《清華大學藏戰國竹簡》（拾貳），上海：中西書局 2022 年版。

［26］錢宗武：《〈尚書〉“有＋S”式專論》，《湖南師範大學社會科學學報》1995 年第 3 期。

［27］阮元校刻：《十三經注疏》，北京：中華書局 1980 年版。

［28］申浪：《清華簡〈五紀〉〈參不韋〉具有陰陽家思想特徵》，《中國社會科學報》，2023 年 2 月 8 日第 10 版。

［29］石小力：《清華簡〈參不韋〉概述》，《文物》2022 年第 9 期。

［30］孫詒讓撰，孫啓智點校：《墨子閒詁》，北京：中華書局 2001 年版。

［31］王力：《漢語史稿》，北京：中華書局 1980 年版。

［32］王先慎撰，鍾哲點校：《韓非子集解》，北京：中華書局 1998 年版。

［33］王引之撰，黃侃、楊樹達批本：《經傳釋詞》，長沙：嶽麓書社 1984 年版。

［34］聞宥：《“于”“於”新論》，《中國語言學報》1984 年第 2 期。

［35］徐適端：《〈韓非子〉人稱代詞的使用特點》，《西南師範大學學報》（哲學社會科學版）1990 年第 1 期。

［36］徐元誥撰，王樹民、沈長雲點校：《國語集解》，北京：中華書局 2002 年版。

［37］楊伯峻：《從漢語史的角度來鑒定中國古籍寫作年代的一個實例：〈列子〉著述年代考》，《楊伯峻學術論文集》，長沙：嶽麓書社 1984 年版。

［38］楊衍、陳民鎮：《從清華簡看陰陽家與儒家的交匯》，《中國社會科學報》，2023 年 5 月 15 日第 10 版。

［39］余嘉錫：《目錄學發微　古書通例》，北京：中華書局 2009 年版。

［40］中國社會科學院考古研究所編：《殷周金文集成》（修訂增補本）（第一冊），北京：中華書局 2007 年版。

［41］趙曉斌：《據清華簡〈參不韋〉校〈墨子〉一則》，簡帛網，http：//m. bsm. org. cn/？chujian/8802. html，2022 年 10 月 1 日。

［42］子居：《清華簡十二〈參不韋〉解析（一）》，個人圖書館網，http：//www. 360doc. com/content/22/1218/14/34614342_1060696094. shtml，2022 年 12 月 18 日。

［43］張玉金：《春秋出土與傳世文獻第二人稱代詞研究》，教育部人文社會科學重點研究基地華東師範大學中國文字研究與應用中心主辦，華東師範大學語言文字工作委員會協辦：《中國文字研究》（2008 年第二輯），鄭州：大象出版社 2008 年版。

The Research of The Writing Era and Textual Nature of the Tsinghua Slips *San Bu Wei* (《參不韋》)

—and the Research of the Zao Zhi Slips *San Bu Wei* (《三不韋》)

Xue Jinzong

Abstract：From the perspective of Chinese history，examining the era of the completion of *San Bu Wei* (《參不韋》) with "*yu*"（於），"*na*"（乃）and "*er*"（而）as objects，it can be seen that *San Bu Wei* (《參不韋》) was roughly completed in the late Warring States period，not far from the era of copying，and may have been later than *Xi Nian* (《繫年》). Based on this，it can be clarified that *San Bu Wei* (《參不韋》) is a work of ancient Chinese literature that was entrusted to the people of that time. It shares similarities with Yu Jiaxi's saying that "ancient books often create stories" and "entrusted to the ancients，respecting their way". *San Bu Wei* (《參不韋》) places historical figures，fictional deities，and entrusted events in the same context，and the color of "fabricated stories" is very strong. The Zao Zhi slips can also be found in the *San Bu Wei* (《三不韋》)，which is not related to the "*ming*"（命）discussed in the Qinghua slips *San Bu Wei* (《參不韋》)，and there should be multiple *San Bu Wei* (《參不韋》) works.

Key words：*San Bu Wei* (《參不韋》)，the writing era，textual nature，the Zao Zhi slips

（山東師範大學齊魯文化研究院）

兼義造字與反義共詞
——試論反訓的起源[*]

付　虎

提　要　"反訓"現象在學界存在爭議,這與研究"反訓"的先決條件和"反訓"的定名存在歧義有著重要關係。確定研究"反訓"的先決條件和重新將"反訓"定名爲"反義共詞"後,運用現代漢語語義學的方法,結合甲骨文材料進行考察,本文認爲,"反義共詞"是"兼義造字"理論創造下的產物。甲骨文形體所指稱詞義的局限性、模糊性和豐富性以及辯證統一的關係等因素,促進了"反義共詞"的產生。"兼義造字"是運用今人的角度觀察古人的語言文字材料,並非古人真正具備了兼顧多個詞義去主動創造漢字的能力。

關鍵詞　兼義造字　反義共詞　反訓　甲骨文　漢語語義學

一、引言

自郭璞爲《爾雅》作注時提出"義相反而兼通"(阮元,2009:5600)、"美惡不嫌同名"(阮元,2009:5605)的觀點以後,學者們進一步演繹和發展,進入現代,形成了傳統訓詁學中所謂的"反訓"①,即"用反義詞來解釋詞義"(郭在貽,2019:79)。郭璞所舉出的例子雖然存在一些問題(王寧,2023:118–121),但是並不妨礙後來眾多學者對"反訓"現象加以研究,"反訓"的理論也不斷被完善。"反訓"現象中最爲常見的例子,就是"亂"②有"治理""紊亂"兩義,後世只通行"紊亂"一義。《尚書·皋陶謨》"亂而敬",《史記·夏本紀》作"治而敬",以"治"訓"亂",是爲"反訓"(郭在貽,2019:79)。當然,也有學者對"亂"字的反訓現象提出疑問(孫德宣,1983:117–118)。③

現代學者有讚同"反訓"這種現象的,也有反對的(齊佩瑢,1984;張清常,1984:70;郭錫良,1997:251–265)。讚同者認爲"反訓"是古漢語中的確存在的一種現象,部分學者還指出"反訓"的稱名並不科學,應該重新加以定名,或可稱爲"反義共詞"(王寧,2023:116–124)。反對者認爲一詞兼有兩個相反的意義的話,在語境中容易引起歧義,之所以出現"反義爲訓""美惡同辭"的說法,"實際上是傳統訓詁學在沒有弄清某些

　　＊　本文初稿曾勞復旦大學古籍整理研究所蘇杰教授審閱,吉林大學考古學院古籍研究所陳建新博士、復旦大學陳俊力師弟多有指正,謹致謝忱。
　　①　"反訓"也稱作"相反爲訓""正反同辭"等。
　　②　"亂"與"𤔔"同字。"亂"是"𤔔"的分化字。
　　③　孫德宣:《美惡同辭例釋》,《中國語文》1983年第2期,第117–118頁。

詞的詞義演變的情況下而作出的一種以今義釋古義的現象"（郭錫良，1997：258）。目前，"反訓"現象還有許多問題沒有解決，爭議不斷，仍待進一步釐清（楊榮祥，1988；李仕春，2011：133－137）。

　　需要指出的是，以往研究"反訓"的成果大多是結合傳世文獻中的語料進行的，而充分利用出土文獻中的語料進行研究則是少有的事情。① 甲骨文作爲漢字最爲原始的材料，可以深入最初造字的層面，這無疑能夠在源頭上解決很多問題，爲"反訓"現象的起源和發展的研究提供重要支撐。結合出土文獻中的甲骨文材料，我們認爲，引入"兼義造字"②理論不僅可以解決"反訓"現象中的很多問題，爲"反訓"的研究提供思路，而且"反訓"現象又可以爲"兼義造字"理論提供證據，使我們能夠確定漢字的確存在"兼義造字"這一造字方式。

二、研究"反訓"的先決條件和"反訓"的定名問題

　　學界對"反訓"問題沒有統一的意見，這與各自研究"反訓"的標準不統一和對"反訓"名稱的理解不同有著莫大的關係。因此，本文在談論"反訓"問題之前，有些問題是需要講明的。

（一）研究"反訓"的先決條件

　　首先，從共時的層面展開研究。齊佩瑢、郭錫良等先輩學者們早就提出，研究"反訓"現象不能以歷時的角度進行，而應以共時的角度進行，即在同一個歷史平面內展開研究。這樣可以避免詞義的引申、字的假借和分化等歷時層面帶來的影響干擾我們的判斷。

　　其次，應在相對或相反的兩個詞義，對應同一文字形體、同一讀音的條件下討論"反訓"現象，保持形、音、義之間正確的對應關係。關於字與詞的關係，以及詞與音、義的關係，可參蔣紹愚（2024：28－38）的相關論述，下面我們僅作簡述。在古代漢語裏，單音詞佔據多數，因此大部分情況下詞與字形、字音能夠保持一一對應的關係，形音義能夠統一。但單音詞中也有小部分無法保持形、音、義的統一。古漢語中還有小部分復音詞、合成詞，也會使詞無法與字形、字音相對應。爲避免歧義，我們必須在相對或相反的兩個詞義，對應同一文字形體、同一讀音的條件下討論"反訓"現象，以避免形、音、義無法統一的問題。

　　最後，運用現代漢語語義學的方法，在詞義的範疇內探討"反訓"現象。因爲在共時的語言空間內，相反或相對的兩個義項共用一個詞的現象方稱作"反訓"，那麼必須在詞義的範疇內考察"反訓"，語法、語境、語用（如修辭方面的雙關語、反語）等因素給詞義帶來的影響需要排除。語境會增加、縮小或改變詞義所表示的範圍，使詞義產生偏移（詹

---

　　① 目前所見到的結合出土文獻材料研究"反訓"的研究成果有：董琨（2007：291－298）、洪颺（2016：101）、寇占民（2023：50－66）。

　　② 董琨（2007：291－298）最早提出"兼義造字"理論。

人鳳，1997：27），這就需要我們做好“同一”（或稱作“歸並”）（詹人鳳，1997：40 - 41）的工作，消除語境給詞義帶來的影響。

（二）“反訓”的定名問題

齊佩瑢（1984：145 - 162）、馬啓俊（1995：39、42 - 45）、王寧（2023：116 - 121）等學者已指出，把“反訓”當作訓詁學術語和訓詁學方法是存在問題的。因爲僅就直訓來講，“訓釋詞和被訓詞之間在義值上只能有部分的重合之處，又總有那麽一部分不相重合。不過，重合的這部分，是構成訓釋的條件，凡是作訓釋都得儘量把這一部分找得多一點、準一點，使訓釋詞更具有訓釋對方的資格”。“試想，兩個意義截然相反的詞，究其值，沒有重合部分；論其用，不可能發生置換關係，怎麽能夠互相訓釋？就訓釋的實值來說，反義，則不能成訓；成訓者，必不取其反值。”（王寧，2023：116 - 121）由此，我們需要給“反訓”重新定名。林菁（1984：62）說：“所謂‘反訓詞’是指那種相對或相反的意義在同一時間和語言空間内共存於一個詞中的詞。”從這一界定出發，再參考馬啓俊、王寧等人的意見，我們不妨稱“反訓”爲“反義共詞”（下文若無特殊情況，皆稱作“反義共詞”）。

三、“反義共詞”的起源

研究“反義共詞”的起源，必須結合甲骨文等出土文獻材料才能講清楚。而甲骨文是目前所發現最早的成熟的漢字書寫系統，那麽深入“反義共詞”現象產生的源頭，就必然會涉及甲骨文最初被創造時的種種問題。通過考察甲骨文材料，我們認爲，在最初造字時，文字形體所表達詞義的局限性、模糊性和豐富性以及辯證統一的關係等因素，是“反義共詞”滋生的土壤。同時，“反義共詞”比較符合“兼義造字”的理論。所謂“兼義造字”是指：“形體所顯示的意義是非單一的。一個字形本身，就可以體現不同的意義，代表一個以上的詞。或者起碼可以說，這類漢字的單個形體往往孕育著表示一個以上的漢語詞義的能力。”（董琨，2007：291 - 292）董琨把“兼義造字”的含義解釋得較爲準確，但需要說明的是，“兼義造字”是站在今天的角度來研究古代的語言文字，這就要注意“以今例古”的問題了。同時，“兼義造字”中的“造字”一詞可能會產生誤會。我們認爲，造字時代的人們心智未開，他們是沒有能力有意識地去兼顧多個詞義而主動創造文字的，他們對世界的認知是混沌的，下文還會詳述這一問題。因此，“兼義造字”這個名稱可以再度斟酌，但在沒有找到合適的名稱前，我們不妨先沿用一下。下文將圍繞“反義共詞”和“兼義造字”等内容展開論述。

（一）甲骨文形體所指稱詞義的局限性

甲骨文形體所指稱詞義的局限性爲“反義共詞”的產生提供了條件。

人類社會先有了豐富的語言之後，才產生文字。“當一個社會發展到需要記錄語言的時候，如果有關條件都已具備，文字就會出現。”（裘錫圭，2013：1）而文字從產生開始，並“不能跟現實畫面直接掛鈎”。文字“不是對自然事物的寫實描摹，而是利用高度概括、抽象、虛擬、硬性約定等方法，以簡單綫條構成的形體來記錄語言的符號系統”（復旦大學出土文獻與古文字研究中心，2024：12）。僅就表意字、形聲字來說，人們在觀察某一事物後，“利用高度概括、抽象、虛擬、硬性約定等方法”，創造出一個由簡單綫條構成的甲骨文。但是這一甲骨文形體只能突出表現對應事物的某一或某些特徵，無法將事物的全部特徵抽象概括到文字形體中去，故而是以偏概全的。我們不妨稱高度概括後的文字形體中明顯指稱的詞義爲“代表義”。毫無疑問，人們在造字時，不僅想要該文字形體指稱該詞的“代表義”，也想要其指稱與事物特徵有關的其他意義，即“代表義”以外的相關意義。如此一來，先民創造的某一甲骨文形體所指稱的“代表義”，就會和人們當時已產生的豐富的語言產生矛盾。因爲甲骨文形體只能抽象概括所指稱事物的某一方面，無法完全概括人們對文字所指稱事物的全部認識。這也體現了甲骨文形體所指稱詞義的局限性——除了“代表義”外，它無法明顯指稱形體所蘊含的其他相關詞義。

例如，“妾”的甲骨文作🔡（《合集》① 32165，師歷間）形，“象有罪女子頭戴刑具之形”（季旭昇，2014：167），其直觀體現的詞義即“女奴”②，武丁時期的卜辭便有用該詞義的（如《合集》629、904 正）。但同一時期的卜辭中，“妾”字還有“商先公先王及諸子的配偶”的義項（如《合集》660、2386）。“女奴”和“商先公先王及諸子的配偶”兩個義項共用一個詞。“妾”字的形體僅抽象概括了“女奴”的義項，而“商先公先王及諸子的配偶”的義項卻不能完全體現出來。我們認爲，掌握了豐富語言的先民們在創造“妾”字時，是想要表達有關“妾”的全部義項的。他們創造了“妾”的符號，兼具數個義項。但是因爲最初所創造的文字形體有限，只得取具有明顯特徵的“女奴”的象形來抽象概括有關“妾”的所有義項。向熹（2010：368）說：“卜辭裏已有相當數量的多義詞，有的多達五六個義項。”正是因爲最初造字時的文字形體在抽象概括事物方面有局限性，爲一字兼有多義提供了可能。需要指出的是，我們眼裏的這些如此細化的義項，造字時代的人們未必能看到，他們的認識可能是籠統的，下文還會詳述這一問題。

上述情況類推到“反義共詞”現象也是如此。在甲骨文材料中，“反義共詞”現象已見端倪。“入”字的甲骨文作𠆢（《合集》1535，典賓）、𠆢（《合集》8597，賓三）等形，林義光（2012：137）言：“象銳端之形，形銳乃可入物也。”因此其有“進入”的意思。卜辭中用該詞義的辭例如下：

(1) 貞：王勿入于東。（《合集》643 正，典賓）

(2) 庚戌卜，丙貞：王入于商。亡作囚。（《合集》7772 正，典賓）

(3) 夕入，不雨。吉。（《合集》27765，何）

(4) 夕入，不雨。（《合集》27766，無名）

---

① 郭沫若（1999），下文簡稱《合集》。

② 殷滌非（2001：349 – 351）認爲：“古代戰爭俘異族之婦女，視其爲有罪，即被作爲奴隸。頭上戴辛（筆者按：刑具），殆爲古代奴隸之標記。甲骨文妾字，即作女子頭上戴辛跪地之形。故妾義爲罪隸。”

例（1）"王勿入于東"意爲"王不要進入東面"。例（2）"王入于商"意爲"王進入商地"。例（3）、（4）"夕入"表示進入了夜晚。除了"進入"義外，同一時期的卜辭中，"入"還有"貢獻、貢納"的意思，如：

(5) 雀入二百五十。（《合集》722 反，典賓）

(6) 婦好入五十。（《合集》10133 反，典賓）

例（5）、（6）是記事刻辭，記錄"雀""婦好"貢納物品的數量。一個"入"字就兼具了"進入"和"貢獻、貢納"兩個相對的義項。可見，先民們在創造"入"字時，不僅賦予了該字在形體上高度概括的"進入"義，也賦予了其"貢獻、貢納"義。

（二）甲骨文形體所指稱詞義的模糊性和豐富性

造字時，甲骨文形體所指稱詞義的模糊性和豐富性是"反義共詞"產生的土壤。

申小龍（2013：329）指出："漢語是一種'駢體模糊型'的語言（'模糊'在這裏沒有絲毫的貶義，因爲現實往往是多義的，精確的語句不足以反映），它不急於對世界下一個精確的定義，而是把世界放在一種虛與實的互相襯映之中加以感受。"甲骨文中有很多文字的形體體現了我們語言的模糊性和豐富性。例如，"及"字的甲骨文作 (《合集》3364，典賓）、 (《合集》27987，無名）等形，"甲骨文'及'字从又从人，戴侗《六書故》謂'从人而又屬其後，追及前人也'，其說與古文字形體合"（于省吾，1999：110）。"及"字的形體象用手去抓住前人之形，故而涵蓋了"追上、趕上"（如《合集》6946 正、5873）和"到達"（如《合集》940、6339）兩個義項。這兩個義項在同一個形體上的界限並不是很分明，由此可見甲骨文形體所指稱詞義既有模糊性又有豐富性。

"反義共詞"現象亦是如此。"受"的甲骨文作 (《合集》1010，典賓）、 (《合集》9890，典賓）等形，楊樹達（1986：19）說："（受字）从二又从舟，蓋象甲以一手授舟，乙以一手受之，故字兼授受二義。""受"作"授予"義的例子如：

(7) 甲辰卜，爭貞：我伐馬方，帝受我佑。一月。（《合集》6664 正，賓一）

(8) 丙子卜，章貞：我受年？丙子卜，章貞：我卜其受年。（《合集》5611 正，典賓）

例（7）卜問"帝是否授予我福祐"，例（8）卜問"帝或神能否授予我好的農業收成"。"受"作"接受"義的辭例如：

(9) 叀牛，王此受佑。（《合集》27040，無名）

(10) 受于宗北。（《合集》22072，午）

例（9）"王此受佑"意爲"王接受神的福祐"，例（10）意爲"在宗北接受某事物"。通過"受"的形體可以看出，其所象之物蘊含的意義不是非常明確，既可以有"授予"義，也可以有"接受"義，二義相反而共用一詞①，體現了"受"字表意的模糊性和豐富性。

又如"以"字的甲骨文作𠂤（《合集》19777，師肥）、𠂤（《合集》21284，師）等形，裘錫圭（1992：106－110）、季旭昇（2014：979－980）、徐超（2022：231）等學者認爲，"以"象人手提攜或拿著某物之形，因此其有"帶領"的意思。卜辭中用"帶領"義的辭例如：

　　（11）戊寅卜，賓貞：王往以眾黍于囧。（《合集》10，賓三）
　　（12）丁未卜，爭貞：勿令□以眾伐舌……（《合集》26，典賓）

例（11）、（12）的貞人屬於同一時期。例（11）意爲"王帶領眾人到囧這個地方去種黍"，例（12）意爲"勿令□（人名）帶領眾人征伐舌"。但是，同一時期的"以"字不僅有"帶領"義，還有"致送"義，如：

　　（13）□午卜，爭貞：𡭗以三十。（《合集》234 正，典賓）
　　（14）丁亥卜，貞：用鑊以羌十。（《合集》257，賓出）
　　（15）貞：勿用盧以羌。（《合集》259，賓出）

例（13）、（14）、（15）皆是指在祭祀場景中致送祭牲或祭人。"以"字的形體所體現的詞義本就不是很明確，該字兼具的"帶領"和"致送"兩個相對的義項，均符合其形體特徵，且不違和。到了兩周時期的金文材料中，"以"字的"反義共詞"現象進一步明確。（寇占民，2023：58）。

（三）甲骨文形體所指稱詞義的辯證統一的關係

甲骨文形體所體現詞義的辯證統一的關係，反映了我們民族獨特的辯證思想。"反義共詞"能夠在後來產生和鞏固是必然的結果。

語言能夠體現使用該語言的民族的思維方式。通過比較中西方的語言可以發現，中西方民族的思維方式有著很大的不同。申小龍（1990：58）說："西方民族的語言思維特徵是嚴密機械的二項式邏輯，強調非此即彼的排中律。"而我們民族對事物的認識具有辯證統一的特徵，既能看到事物之間的區別，又能看到事物之間的聯繫，能夠在整體上觀察事物的

---

① 王寧（2023：131）認爲："討論反義共詞，不必要涉及漢語動詞的施受同詞問題。因爲這是漢語及物動詞的普遍現象。"蔣紹愚（2024：150－153）則持反對意見，認爲"施受同詞"是"反義共詞"。我們認爲，運用現代漢語語義學中的"義位分析法"分析卜辭辭例，"受"字仍然需要離析爲"授予"和"接受"兩個明確的義位，其他含有"施受同詞"現象的詞也是如此。因此，我們最後的結論是"施受同詞"仍然符合"反義共詞"的條件。

全貌，與西方那種非黑即白的認識方式有著很大的不同。漢語語言思維的辯證性精神與整體性精神的一致，這是"反義共詞"現象得以成立的文化心理依據（申小龍，1990：58）。所以先民們以辯證統一的思維方式創造出的甲骨文，成爲我們研究"反義共詞"起源的寶貴材料。

甲骨文中的"聞"字體現了詞義之間辯證統一的關係。"聞"的甲骨文作 🖐（《合集》5004，典賓）、🖐（《合集》1075 正，典賓）等形，从人从耳，會意字，李圃、鄭明（2010：1102）認爲該字字形"突出一耳，表聽聞，人跽張口振臂舉手，表報告"。"聞"字可以表示"聽說"的意思，同時還有"知道""報告"兩個義項，因爲"聽說"之後的結果既可以是"知道"，也可以是去"報告"。"聽說""知道""報告"是"聞"字形體抽象概括後所體現的義項，三者之間既有區別又有聯繫，統一於"聞"字的形體。三個義項中，"聽說""報告"是兩個對立比較強烈的義項，可以稱之爲"反義共詞"。卜辭中"聞"表示"聽說"的辭例有：

(16) 庚子卜，王貞：王占曰：其有來聞，其惟甲不……（《合集》1075 正，典賓）

卜辭中"聞"表示"報告"的辭例有：

(17) 癸未卜，爭貞：旬亡田？三日乙酉夕，月有食，聞。八月。（《合集》11485，典賓）

例（17）的卜辭是關於月食的記載，是說八月的晚上發生了月食之後向上級報告。彭裕商（2020：155-156）也認爲，此處的"聞"作"報告"講最爲合理。除了"聞"字外，上文舉出的"入""受""以"等字的例子，均符合形體所體現詞義的辯證統一的關係。

王寧認爲"反義共詞"的存在條件有三：其一，兩義雖然反向，但一定得相因[①]；其二，反義只能是反向引申的結果，在意義上，雖反向而不能絕然矛盾；其三，共詞的兩個反向意義，在使用上必定有較明顯的差別。[②] 前兩個條件體現在甲骨文上，實際上就是甲骨文形體所體現詞義的辯證統一的關係。第三個條件放在甲骨文中也是符合的，不過不在本文討論"反義共詞"起源問題的範圍之內。

---

① 兩義雖然反向，但一定得相因的情況包括：同一行爲相銜接的兩個過程；聯繫於同一特點；同一事物所具有的兩種相關的性質。參看王寧（2023：131-133）。

② 這些差別包括：不共境；使用頻率不平衡；"反義共詞"在使用上往往與另一同義詞連用，以示區別。參看王寧（2023：134）。

四、研究 "反義共詞" 要注意 "以今例古" 的問題

運用現代漢語語義學的方法研究甲骨文材料中的反訓現象，不免會有 "以今例古" （汪維輝，2022：1－37）的嫌疑。

造字時代，人們對事物的認識是混沌的、不全面的，這是由於古人思想觀念的局限性。例如，當時的人們將 "女奴" 的詞義和 "商先公先王及諸子的配偶" 的詞義，均用 "妾" 這一形體來指稱，是因爲 "古代戰爭俘異族之婦女，視其爲有罪，即被作爲奴隸" （殷滌非，2001：349－351）。同時，被俘獲的女奴又兼具給族人生育子女的任務，故而 "妾" 又有 "商先公先王及諸子的配偶" 的意義。兩個詞義，無法確定哪個是其本義，恐怕 "古人也不能輕易確知一個詞的本義，當爲一個詞造字時，其選擇一定也是隨機的，約定俗成的" （復旦大學出土文獻與古文字研究中心，2024：17）。因此，造字時，"妾" 字恐怕本就涵蓋了 "女奴" 和 "商先公先王及諸子的配偶" 兩個詞義。當時的人們沒有男女平等的觀念，"女奴" 即是 "配偶"，二者是一個概念。只是因爲現代社會我們的思想觀念發生了變化，"女奴" 和 "配偶" 分別指向了不同的對象。故而以現代人的眼光來看甲骨文材料時，便會在主觀上對 "妾" 字的詞義進行細分，"女奴" 和 "配偶" 對於我們來說，已經不是一個概念。

造字時代的社會分工也並不像當今社會如此細化，這是由於古代社會生產力水平的局限性。當時的人們對事物的認識本身就是籠統而又模糊的。例如，遠古時期的人們沒有 "買" 和 "賣" 這兩個相對的概念，因爲當時的人們是以物易物，所以在他們眼裏，"買" 和 "賣" 對應的就是一個概念，即以物易物的完整的活動過程。古人的分工不夠細化，因此他們不會也沒有必要將簡單的以物易物的交易理解成分工細化、明確且複雜的 "買" 和 "賣" 兩個相對的概念。其他有 "反義共詞" 現象的詞，恐怕也是如此。

據此來看，我們所謂的 "兼義造字"，不過是站在今人的角度來研究古代的語言文字材料。現代的我們與造字時代的人們相比，思想觀念已經發生了巨大的變化，現代社會分工非常完善、細化，生產力水平已經很高。我們站在現在的高度去研究古代的語言文字材料，雖然方法顯得較爲科學，但很容易陷入 "以今例古" 的迷霧之中。恐怕古人心智未開，他們在造字時還不具備細化多個詞義來造一個漢字的能力，帶著模糊、朦朧、廣泛的概念去造字，可能是當時的實際情況。我們把古人的語言材料拿過來，便會在主觀上把他們的社會分工細化。因此，我們所說的 "兼義造字" 是從 "以今例古" 的角度提出的，這一點尤其要注意。

即便如此，並不妨礙本文探討 "反義共詞" 的起源問題。正是因爲古人受自身思想觀念的局限性、社會分工不夠細化、生產力水平不高等多方面因素的限制，他們所造的文字形體才爲 "反義共詞" 現象的產生提供了滋生的土壤。我們站在今人的角度看古人語言中的 "反義共詞" 現象，可以知曉 "反義共詞" 從產生到發展的脈絡。而站在古人的角度去體會他們的語言文字，則能更深刻地體會 "反義共詞" 產生的原因。

五、結語

　　"反訓"現象之所以存在爭議，在很大程度上是因爲學界沒有判定"反訓"統一的前提和標準，而且人們對"反訓"一詞的理解和稱名存在歧義。我們認爲，要確定好研究"反訓"的先決條件，同時將"反訓"的稱名重新命名爲"反義共詞"，然後再對"反訓"展開研究。

　　以往的研究多注重傳世文獻中的材料，而出土文獻中的材料還未得到充分的利用。討論"反義共詞"現象的起源，勢必要利用甲骨文材料才能把問題說清楚。深入甲骨文在最初被創造時的情況來看，"反義共詞"在甲骨文產生之初就已現端倪，是"兼義造字"理論創造下的產物。具體來說，"反義共詞"大概是三個方面的因素共同作用的結果：第一，甲骨文形體所指稱詞義的局限性；第二，甲骨文形體所指稱詞義的模糊性和豐富性；第三，甲骨文形體所指稱詞義的辯證統一的關係。類似"入""受""以""聞"等相對或相反意義共存的詞的產生，皆是以上三個因素共同作用的結果。同時，我們所謂的"兼義造字"，是站在今人的角度觀察古人的語言文字材料，並不是說造字時代的人們真的就完全具備了兼顧多個詞義主動去創造文字的能力。這一點尤其要注意。

　　最後，本文所論，難免有掛一漏萬乃至謬誤之處，敬請前輩、同行及廣大讀者予以批評、指正。

參考文獻

　　[1] 董琨：《漢語的詞義蘊含與漢字的兼義造字》，中國社會科學院語言研究所編：《紀念中國社會科學院建院三十周年學術論文集：語言研究所卷》，北京：方志出版社 2007 年版。

　　[2] 復旦大學出土文獻與古文字研究中心編撰：《出土文獻與古文字教程・導言》，上海：中西書局 2024 年版。

　　[3] 郭沫若主編，中國社會科學院歷史研究所編：《甲骨文合集》，北京：中華書局 1999 年版。

　　[4] 郭錫良：《漢語史論集》（增補本），北京：商務印書館 1997 年版。

　　[5] 郭在貽：《訓詁學》，北京：中華書局 2019 年版。

　　[6] 洪颺：《"正反同詞"文字學研究舉例》，教育部人文社會科學重點研究基地華東師範大學中國文字研究與應用中心、華東師範大學語言文字工作委員會編：《中國文字研究》（第二十三輯），上海：上海書店出版社 2016 年版。

　　[7] 蔣紹愚：《蔣紹愚文集（第一卷）：古漢語詞彙綱要》，北京：商務印書館 2024 年版。

　　[8] 季旭昇：《說文新證》，臺北：藝文印書館 2014 年版。

　　[9] 寇占民：《兩周金文施受同辭考索：兼論傳統訓詁學上的反訓》，《出土文獻綜合研究集刊》2023 年第 1 期。

　　[10] 林菁：《反訓例釋》，《辭書研究》1984 年第 1 期。

　　[11] 林義光：《文源》，上海：中西書局 2012 年版。

　　[12] 李圃、鄭明：《古文字釋要》，上海：上海教育出版社 2010 年版。

［13］李仕春：《漢語構詞法和造詞法研究》，北京：語文出版社 2011 年版。

［14］馬啓俊：《"反訓"這個術語不能成立》，《古漢語研究》1995 年第 2 期。

［15］彭裕商：《漢語古文字學概論》，成都：四川大學出版社 2020 年版。

［16］裘錫圭：《說"以"》，《古文字論集》，北京：中華書局 1992 年版。

［17］裘錫圭：《文字學概要》（修訂本），北京：商務印書館 2013 年版。

［18］齊佩瑢：《訓詁學概論》，北京：中華書局 1984 年版。

［19］阮元校刻：《十三經注疏·爾雅注疏》，北京：中華書局 2009 年版。

［20］申小龍：《辯證思維·引同協異·體用一源：再論中國古代思維之語言表象》，《江西大學學報》（社會科學版）1990 年第 2 期。

［21］申小龍：《中國古代語言學史》，上海：復旦大學出版社 2013 年版。

［22］孫德宣：《美惡同辭例釋》，《中國語文》1983 年第 2 期。

［23］王寧：《訓詁學原理》（增補本），北京：中華書局 2023 年版。

［24］汪維輝：《古代文獻解讀中的"當代語感干擾"問題》，張赬主編：《清華語言學》（第三輯），上海：中西書局 2022 年版。

［25］向熹：《簡明漢語史》，北京：商務印書館 2010 年版。

［26］徐超：《古漢字通解 500 例》，北京：中華書局 2022 年版。

［27］楊榮祥：《"反訓"研究綜述》，《中國語文天地》1988 年第 5 期。

［28］楊樹達：《積微居甲文說　耐林廎甲文說　卜辭瑣記　卜辭求義》，上海：上海古籍出版社 1986 年版。

［29］殷滌非：《妾俑與妾字》，安徽省文物考古研究所編：《文物研究》（第十三輯），合肥：黃山書社 2001 年版。

［30］于省吾主編：《甲骨文字詁林》，北京：中華書局 1999 年版。

［31］詹人鳳：《現代漢語語義學》，北京：商務印書館 1997 年版。

［32］張清常：《〈爾雅〉研究的回顧與展望：紀念羅常培老師》，《語言研究》1984 年第 1 期。

Combine Several Word Meanings to Make a Word and Two Words with Opposite or Contrasting Meanings Coexist in one Word —Attempts to Discuss the Origins of the Enantiosemy

Fu Hu

Abstract："Enantiosemy" phenomenon in the academic community there are disputes，and the study of "enantiosemy" prerequisites and "enantiosemy" definition of ambiguity has an important relationship. Determine the study of "enantiosemy" prerequisites and re-named "enantiosemy" for "two words with opposite or contrasting meanings coexist in one word"，the use of modern Chinese semantics，combined with oracle bone materials for examination，this paper believes that "two words with opposite or contrasting meanings coexist in one word" is a product of the creation of the theory of "combine several word meanings to make a word". The limitation, ambiguity, richness, and dialectical unity of the meanings referred to by oracle bone forms have promoted the emergence of "two words with opposite or contrasting meanings coexist in one word". The "combine several word meanings to make a word" is a way of observing the language and writing materials of the ancients from the perspective of the present day, but the ancients did not really have the ability to actively create Chinese characters by combining multiple word meanings.

Key words: combine several word meanings to make a word, two words with opposite or contrasting meanings coexist in one word, enantiosemy, oracle bone script, modern Chinese semantics

（復旦大學古籍整理研究所）

方介堪刻戰國古璽取法及用字考[*]

王恩浩　趙　欣

提　要　本文通過分析方介堪所刻戰國古璽印中的用字情況，發現方介堪所刻古璽印風多取法戰國寬邊細朱文古璽印，又學習古印特殊制式和風格。但其印章用字常會出現錯用及混用，其錯用情況集中體現在"我書意造本無法"一印上；混用情況較爲複雜，可分爲對戰國各系古璽印文字的混用、戰國古璽印文字與金文之間的混用、戰國古璽印文字與《說文》小篆的混用，尤其是在借鑒戰國璽文時極易混淆"邑"旁的用法，從中可以以小見大地體現近代古璽文字學術史發展的階段特徵。

關鍵詞　戰國古璽　方介堪　篆刻用字　古璽學術史

一、方介堪印章取法古璽考

方介堪（1901—1987），浙江溫州人，兼通小學和詩詞書畫，以篆刻聞名於世，平生治印三萬餘，風格多樣，尤以玉印的精到灑脱和 20 世紀 30 年代初開始創作的鳥蟲書印的沉穩空靈拓寬了印學領域。此外，他擅長金石文物鑒定，還有文字學方面的專著《璽印文綜》。[①] 因此，當翻閱《方介堪篆刻集》時不難發現，除了平時受到關注的鳥蟲印章外，另有五成的印章爲戰國古璽印風，由此可系統分析其取法及用字。

通過翻閱方介堪的篆刻集，我們不難發現，方介堪的古璽取法是十分廣泛的，兹就方介堪創作之古璽作品的風格特色，以及所借鑒之作品清單作對比分析。

（一）寬邊細朱文類古璽印

這類作品多是取法三晉，邊較寬，印章中的文字要細於邊框，有些印還伴有虛實變化。作品清單作對比分析簡述如下：

───────────

* 本文爲中央高校基本科研業務費項目（項目批准號：2024ECNU‐YYJ012）的階段性成果之一。

① 龔文：《方介堪先生篆刻藝術評析》，《東南文化》2004 年第 1 期，第 84 頁。

表 1　方介堪刻戰國古璽之印例對比舉隅

方介堪仿古作品			
圖 1 胡鴻文 《方介堪篆刻集》 （張大千題本） 第 88 頁	圖 3 淑通 《方介堪篆刻集》 （馬衡題本） 第 18 頁	圖 5 陶濟民 《方介堪篆刻集》 （馬衡題本） 第 97 頁	圖 7 郎靜山 《方介堪篆刻集》 （張大千題本） 第 62 頁
圖 2 胡定 《方介堪篆刻集》 （馬衡題本） 第 19 頁	圖 4 亦邈 《方介堪篆刻集》 （黃賓虹題本） 第 99 頁	圖 6 陳長風 《方介堪篆刻集》 （馬衡題本） 第 87 頁	圖 8 邵開成 《方介堪篆刻集》 （馬衡題本） 第 59 頁
			圖 9 徐庶之 《方介堪篆刻集》 （黃賓虹題本） 第 71 頁

（續上表）

借鑒之古璽	圖 10 肖春 《倚石》34	圖 12 陳過 《古璽三百品》19	圖 14 樂迷 《戰國鈢印分域編》1961	圖 16 陳身 《戰國鈢印分域編》2028
	圖 11 肖肢 《倚石》35	圖 13 長逪 《古璽三百品》100	圖 15 屖陞 《倚石》93	圖 17 裘鳴 《倚石》64

透過對比分析，可知方介堪所刻古璽"胡鴻文"（圖1）①、"胡定"（圖2）② 二印師法 "肖春"（圖10）③、"肖肢"（圖11）④。"胡鴻文""胡定"二印的"月"字重心都偏高，文字向印面上方集中，末筆拉長且帶有弧度，使印面下方留有餘地，左右形成強烈的空間對比，"月"字字形常見於古璽印中。

方介堪印章"淑通"（圖3）⑤、"亦邎"（圖4）⑥ 二印師法"陳過"（圖12）⑦、"長逪"（圖13）⑧。其中"淑通""亦邎"的"辵"部有明顯的三晉古璽特色，"辵"部的第一筆較小較短，下半部分拉長，重心偏高，"止"部放在右側且在底部，此可看出方介堪作品的取法。

方介堪印章"陶濟民"（圖5）⑨、"陳長風"（圖6）⑩ 二印師法"樂迷"（圖14）⑪、"屖陞"（圖15）⑫ 二印的"阜"部，"阜"部的重心偏高，上端三個短橫的間距較爲局促，

① 方廣強整理：《方介堪篆刻集》（張大千題本），杭州：西泠印社出版社 2011 年版，第 88 頁。
② 方廣強整理：《方介堪篆刻集》（馬衡題本），杭州：西泠印社出版社 2011 年版，第 19 頁。
③ 吳硯君：《倚石山房藏戰國古璽》，杭州：西泠印社出版社 2019 年版，第 45 頁。下文將《倚石山房藏戰國古璽》簡稱爲《倚石》，兹不贅述。
④ 吳硯君：《倚石山房藏戰國古璽》，杭州：西泠印社出版社 2019 年版，第 46 頁。
⑤ 方廣強整理：《方介堪篆刻集》（馬衡題本），杭州：西泠印社出版社 2011 年版，第 18 頁。
⑥ 方廣強整理：《方介堪篆刻集》（馬衡題本），杭州：西泠印社出版社 2011 年版，第 99 頁。
⑦ 藝文類聚金石書畫館編：《古璽三百品》，杭州：浙江人民美術出版社 2016 年版，第 18 頁。
⑧ 藝文類聚金石書畫館編：《古璽三百品》，杭州：浙江人民美術出版社 2016 年版，第 58 頁。
⑨ 方廣強整理：《方介堪篆刻集》（馬衡題本），杭州：西泠印社出版社 2011 年版，第 97 頁。
⑩ 方廣強整理：《方介堪篆刻集》（馬衡題本），杭州：西泠印社出版社 2011 年版，第 87 頁。
⑪ 莊新興編著：《戰國鈢印分域編》，上海：上海書店出版社 2001 年版，第 34 頁。
⑫ 吳硯君：《倚石山房藏戰國古璽》，杭州：西泠印社出版社 2019 年版，第 121 頁。

使下半部分留出空間，或讓其他部首穿插，或留出空間作虛實對比。

　　方介堪印章"郎靜山"（圖7）①、"邵開成"（圖8）②、"徐庶之"（圖9）③ 三印之"邑"旁全部師法三晉古璽"陳身"（圖16）、"裘鳴"（圖17）的"邑"部，其"邑"旁的特點依舊是重心高，末筆拉長，下方留出較大空間，且末筆在右側居多，下方空間或被右側部首穿插，或留出空間。通過表1可以看出方介堪在刻戰國古璽印時，不僅師法其形式，還師法其文字字形。

（二）取法特殊形制的古璽

　　翻閱方介堪篆刻印譜，不難看出，其中特殊形制的篆刻不少，通過這些特殊形制的篆刻也往往比較容易觀察出方介堪的取法，和其他印章相比，這類印章主要體現在邊框上和印章中間的界格。對比分析簡述如下：

表2　方介堪借鑒古璽之印例對比舉隅

方介堪仿古作品	圖18 徐菫侯 《方介堪篆刻集》 （張大千題本） 第171頁	圖20 黃 《方介堪篆刻集》 （黃賓虹題本） 第138頁	圖22 色不異空 《方介堪篆刻集》 （黃賓虹題本） 第12頁	圖24 介堪金石 《方介堪篆刻集》 （張大千題本） 第76頁
	圖19 張善子 《方介堪篆刻集》 （張大千題本） 第63頁	圖21 軍閥重開戰 《方介堪篆刻集》 （黃賓虹題本） 第33頁	圖23 靈士之璽 《方介堪篆刻集》 （張大千題本） 第167頁	

---

① 方廣強整理：《方介堪篆刻集》（張大千題本），杭州：西泠印社出版社2011年版，第62頁。
② 方廣強整理：《方介堪篆刻集》（馬衡題本），杭州：西泠印社出版社2011年版，第59頁。
③ 方廣強整理：《方介堪篆刻集》（黃賓虹題本），杭州：西泠印社出版社2011年版，第71頁。

（續上表）

借鑒之古璽	 圖 25 長陞 《戰國鈢印分域編》1587	 圖 26 孟徒 《戰國鈢印分域編》801	 圖 28 私公之璽 《古璽三百品》4	 圖 30 王之上土 《倚石》191
	 圖 27 郾尚 《戰國鈢印分域編》1977		 圖 29 可以正下 《倚石》189	

　　方介堪特殊制式仿古璽主要取法於晉系戰國古璽，可分爲四種風格：第一種是外邊框爲圓形，或接近圓形，裏邊框即文字邊框則爲方形，兩邊框中間花紋較複雜，此類印章例如“徐菫侯”（圖18）[①]、“張善子”（圖19）[②]，師法“長陞”（圖25）一類。[③] 第二種是外邊框爲圓形，裏邊框即文字邊框則爲方形，兩邊框中間的圖案有“一”或“1”或無圖案，此類印章例如“黃”（圖20）[④]、“軍閥重開戰”（圖21）[⑤]，邊框和紋飾師法古璽印“孟徒”（圖26）[⑥] 和“郾尚”（圖27）[⑦] 一類。第三種爲印中帶有十字界隔，且印章中心有菱形圖案，例如“色不異空”（圖22）[⑧]、“靈士之璽”（圖23）[⑨] 取法“私公之璽”（圖28）[⑩] 和“可以正下”（圖29）[⑪]。最後一類爲帶有十字界隔，但中間無其他圖案，且爲朱文，可看出方介堪自用印“介堪金石”（圖24）[⑫] 師法古璽“王之上土”（圖30）[⑬] 的形制。

---

① 方廣強整理：《方介堪篆刻集》（張大千題本），杭州：西泠印社出版社2011年版，第171頁。
② 方廣強整理：《方介堪篆刻集》（張大千題本），杭州：西泠印社出版社2011年版，第63頁。
③ 莊新興編著：《戰國鈢印分域編》，上海：上海書店出版社2001年版，第280頁。
④ 方廣強整理：《方介堪篆刻集》（黃賓虹題本），杭州：西泠印社出版社2011年版，第138頁。
⑤ 方廣強整理：《方介堪篆刻集》（黃賓虹題本），杭州：西泠印社出版社2011年版，第33頁。
⑥ 莊新興編著：《戰國鈢印分域編》，上海：上海書店出版社2001年版，第141頁。
⑦ 故宮博物院編，羅福頤主編：《古璽彙編》，北京：文物出版社1981年版，第198頁。
⑧ 方廣強整理：《方介堪篆刻集》（黃賓虹題本），杭州：西泠印社出版社2011年版，第12頁。
⑨ 方廣強整理：《方介堪篆刻集》（張大千題本），杭州：西泠印社出版社2011年版，第167頁。
⑩ 藝文類聚金石書畫館編：《古璽三百品》，杭州：浙江人民美術出版社2016年版，第10頁。
⑪ 吳硯君：《倚石山房藏戰國古璽》，杭州：西泠印社出版社2019年版，第240頁。
⑫ 方廣強整理：《方介堪篆刻集》（張大千題本），杭州：西泠印社出版社2011年版，第76頁。
⑬ 吳硯君：《倚石山房藏戰國古璽》，杭州：西泠印社出版社2019年版，第242頁。

（三）方介堪仿戰國玉印

1926 年，方介堪拜趙叔孺爲師，成爲他篆刻藝術創作的全新起點。在趙叔孺的悉心指導下，方介堪篆刻上溯周秦兩漢，並以鳥蟲篆印和古璽玉印風格爲主攻對象。方介堪從《顧氏集古印譜》《范氏集古印譜》《十鐘山房印舉》等二十一部著名秦漢璽印譜錄中，精心挑選、勾勒三百七十余鈕古玉印，輯爲《古玉印匯》。① 由此可以看出方介堪在取法戰國玉印上下過極大的功夫。

表 3　方介堪借鑒古璽之印例對比舉隅

方介堪仿古作品	圖 31 今非之璽 《方介堪篆刻全集》 （黃賓虹題本） 第 70 頁	圖 32 新我 《方介堪篆刻全集》 （黃賓虹題本） 第 96 頁	圖 33 蘊瑞 《方介堪篆刻全集》 （黃賓虹題本） 第 99 頁
借鑒之古璽	圖 34 臧辵 《倚石》27	圖 35 郘閼 《倚石》68	圖 36 郘閼（印面） 《倚石》68

在《古玉印匯》中，方介堪勾摹過很多方戰國玉印，這是那個時代很多篆刻家所不及的，因此，他所篆刻的戰國古璽風格的印章，自然少不了戰國玉印一路，這一路的印章也佔據著他戰國古璽印中的重要部分。玉印中的綫條爲兩側細、中間粗，似金文毛公鼎綫條，這與其堅硬的材質有較大關係。查看戰國璽印"臧辵"（圖 34）② 和"郘閼"（圖 35）③ 可得其仿佛，方介堪的這一路玉印"今非之璽"（圖 31）④、"新我"（圖 32）⑤、"蘊瑞"（圖 33）⑥，就是典型的玉印綫條，這種風格的形成應與方介堪長期勾勒玉印印章有較大關係。

---

① 張煒羽：《方介堪篆刻藝術概述》，《書法》2019 年第 8 期，第 53 頁。
② 吳硯君：《倚石山房藏戰國古璽》，杭州：西泠印社出版社 2019 年版，第 36 頁。
③ 吳硯君：《倚石山房藏戰國古璽》，杭州：西泠印社出版社 2019 年版，第 88 頁。
④ 方廣強整理：《方介堪篆刻集》（黃賓虹題本），杭州：西泠印社出版社 2011 年版，第 70 頁。
⑤ 方廣強整理：《方介堪篆刻集》（黃賓虹題本），杭州：西泠印社出版社 2011 年版，第 96 頁。
⑥ 方廣強整理：《方介堪篆刻集》（黃賓虹題本），杭州：西泠印社出版社 2011 年版，第 99 頁。

二、方介堪刻戰國古璽用字問題

　　方介堪通過描摹和翻閱大量的印譜積攢了深厚的小學知識，但是筆者在翻閱《方介堪篆刻集》時，總結方介堪取法古璽印用字習慣，依然可以發現誤字和文字混用的情況，其中戰國古璽印文字和金文混用、戰國古璽印文字和《說文》小篆混用、戰國古璽印文字的各系間文字混用的情況較多。

表 4　"我書意造本無法"之誤

圖 37 方介堪仿古璽作品	取法的古璽	取法的古璽
我書意造本無法	胡法	慶遇
《上海現代篆刻家名典》第 51 頁	《古璽彙編》1301	《古璽彙編》3071

　　"我書意造本無法"（圖 37）[①] 中的"法"字，字形用"水"作偏旁；廌是用來在疑犯中辨別真犯並將其除滅的動物，所以字形也採用"去"作偏旁。"法"，今天的文字寫法省去"廌"。金文的"法"字如西周早期金文大盂鼎"灋"字作　形（《集成》2837）[②]，從水從廌。小篆中的"法"字有兩種寫法，例如《說文》中作　或　形，古璽印中的"法"字如"胡法"[③] 之"法"作　形，爲"水"部與"去"的組合，並沒有方介堪所刻的形體，方介堪在這方印章中所刻的形體爲"水"部加"慶"。通過以上分析可看出"法"字有四種，《說文》小篆爲　或　，西周金文爲　，戰國晉系古璽爲　。古文字之"法"字中未見從慶的構型。古璽"慶"字如"慶遇"之"慶"作　形[④]，故可知方介堪在圖 37 中所刻的"法"字從慶，並不從廌或去。查看表 4 更能肯定方介堪所刻的爲"慶"字加"水"部，非"鹿"或"去"作偏旁，篆書中"慶"字與"鹿"字相似，故由此可判斷方介堪所刻爲誤。

　　近代以來，關於古璽印的材料和研究不斷出現，各個藏家收藏古璽印的數量和品質十分可觀，對所收錄的古璽分類也越來越準確，研究水準也不斷提升。同治元年（1862）吳

　　① 林子序：《上海現代篆刻家名典》，上海：上海人民美術出版社 2008 年版，第 51 頁。
　　② 中國社會科學院考古研究所編：《殷周金文集成》（修訂增補本），北京：中華書局 2007 年版，第 1516 頁。下文將《殷周金文集成》簡稱爲《集成》，茲不贅述。
　　③ 故宮博物院編，羅福頤主編：《古璽彙編》，北京：文物出版社 1981 年版，第 142 頁。
　　④ 故宮博物院編，羅福頤主編：《古璽彙編》，北京：文物出版社 1981 年版，第 290 頁。

式芬的《雙虞壺齋印存》正式標識出“古璽”類別，又分出“古璽官印”“古朱文印”等項，並且將其排列在秦印和漢印之前；同治十一年（1872）陳介祺的《十鐘山房印舉》也首次把“古璽”單獨羅列出來，並認識到朱文銅璽似六國文字，玉印似六國書法，這是非常可貴的。近代王國維則首先肯定了古璽文字爲六國文字，並且在《桐鄉徐氏印譜序》中認定了這一點。① 今天我們在查看《戰國鉨印分域編》時，不難發現六國文字之間的差異，但在方介堪所處時代分域尚不成熟，因此，方介堪的古璽印章中，同一方印有著各國文字混用的情況，其中混用的情況大體可分爲四種。

（一）戰國時期各系古璽印文字之間的混用

通過對方介堪仿古作品的分析，可以發現存在大量歷時混用的差異，表現爲與其他不同時代、不同風格、不同介質的混用。例如“五馬里民”（圖38），“里”字爲秦系文字作里形（《古璽彙編》3232）②，“馬”字爲燕系文字作馬形（《戰國鉨印分域編》14）③；再如“孫志道”（圖39、40），“道”字是標準的晉系寫法，晉系的“辵”部作辵形（《戰國鉨印分域編》1920）④，“孫”字取法出處應爲齊系作孫形（《戰國鉨印分域編》800）⑤，或晉系作孫形［詛楚文（汝帖本）］⑥。其他戰國各系璽印文字存在的混用情況分析如下：

表5　“五馬里民”之“馬”與戰國各系璽印文字之“馬”對比舉隅

圖38 方介堪仿古璽作品	與秦系璽文 “馬”的對比	與晉系璽文 “馬”的對比	與楚系璽文 “馬”的對比	取法的燕系古璽	取法的秦系古璽
五馬里民	馬	馬	馬	馬	顓里典
《方介堪篆刻集》（張大千題本）第78頁	《戰國鉨印分域編》2837	《戰國鉨印分域編》2664	《戰國鉨印分域編》1018	《戰國鉨印分域編》14	《古璽彙編》3232

方介堪所篆刻的印章“五馬里民”（圖38）⑦ 中，中間帶有十字界隔，呈扁方形，“里”字應是取法秦印“顓里典”之“里”作里形（《古璽彙編》3232）⑧。從戰國璽印中

---

① 劉桂成：《從臨摹到創作：劉桂成書學研究集》，長沙：湖南美術出版社2020年版，第115頁。
② 故宮博物院編，羅福頤主編：《古璽彙編》，北京：文物出版社1981年版，第303頁。
③ 莊新興編著：《戰國鉨印分域編》，上海：上海書店出版社2001年版，第4頁。
④ 莊新興編著：《戰國鉨印分域編》，上海：上海書店出版社2001年版，第19頁。
⑤ 莊新興編著：《戰國鉨印分域編》，上海：上海書店出版社2001年版，第30頁。
⑥ 王美盛：《詛楚文考略》，濟南：齊魯書社2011年版，第17-34頁。
⑦ 方廣強整理：《方介堪篆刻集》（張大千題本），杭州：西泠印社出版社2011年版，第78頁。
⑧ 故宮博物院編，羅福頤主編：《古璽彙編》，北京：文物出版社1981年版，第303頁。

可見，戰國文字的"馬"字如秦系的"馬"字作 形（《戰國鉨印分域編》2837），晉系的"馬"字作 形（《戰國鉨印分域編》2664），楚系的"馬"字作 形（《戰國鉨印分域編》1018），燕系的"馬"字作 形（《戰國鉨印分域編》14）[1]。可見方介堪所刻之"馬"不屬秦系寫法，應屬燕系寫法。故此印應爲秦系和燕系字形的混用。

表 6　"孙志道"之"辵"部與戰國各系璽印文字之"辵"部對比舉隅

圖 39 方介堪仿古璽作品	與秦系璽文 "辵"部的對比	取法的晉系古璽	與楚系璽文 "辵"部的對比	齊系古璽	燕系古璽
孫志道	辵	辵	辵	辵	辵
《方介堪篆刻集》（馬衡題本）第 110 頁	《戰國鉨印分域編》2919	《戰國鉨印分域編》1920	《戰國鉨印分域編》1048	《戰國鉨印分域編》671	《戰國鉨印分域編》12

圖 39 的內容爲"孫志道"[2]，可看出"道"字的"辵"部第一筆豎折較小較短，第二筆橫折較長較瘦，"止"被安排在右側，且在底部，因此可以通過對比推斷出此處"道"字是標準的戰國晉系寫法，例如晉系的"辵"部作 形（《戰國鉨印分域編》1920），與秦系 形（《戰國鉨印分域編》2919）、楚系 形（《戰國鉨印分域編》1048）、齊系 形（《戰國鉨印分域編》671）、燕系 形（《戰國鉨印分域編》12）[3] 不同。

表 7　"孫志道"之"孫"與戰國各系璽印文字之"孫"對比舉隅

圖 40 方介堪仿古璽作品	取法的晉系古璽	與晉系璽文 "孫"的對比	與楚系璽文 "孫"的對比	取法的齊系古璽	與燕系璽文 "孫"的對比

---

① 莊新興編著：《戰國鉨印分域編》，上海：上海書店出版社 2001 年版，第 24 頁。
② 方廣強整理：《方介堪篆刻集》（馬衡題本），杭州：西泠印社出版社 2011 年版，第 110 頁。
③ 莊新興編著：《戰國鉨印分域編》，上海：上海書店出版社 2001 年版，第 19 頁。

（續上表）

孫志道	孫	孫	孫	孫	孫
《方介堪篆刻集》 （馬衡題本） 第 110 頁	詛楚文（汝帖本）	《戰國鉩印分 域編》1778	《戰國鉩印分 域編》1175	《戰國鉩印分 域編》800	《戰國鉩印分 域編》574

　　“孫志道”（圖 40）中的“孫”字並非取法晉系文字，晉系“絲”部應沒有下面三筆，而是被一橫或者兩橫所替代，例如作形（《戰國鉩印分域編》1778）。方介堪所篆刻的“孫”字，出處應爲齊系作形（《戰國鉩印分域編》800）或晉系作形［詛楚文（汝帖本）］的寫法，與楚系作形（《戰國鉩印分域編》1175）、燕系作形（《戰國鉩印分域編》574）① 不同。因此，通過以上分析，我們可以看出此作品“道”字用晉系，“孫”字用齊系或晉系，故這方印章是混用戰國各系古鉩印文字的印章。

表 8　“無受想行識”之“行”與戰國各系璽印文字之“行”對比舉隅

圖 41 方介堪仿古璽作品	取法的晉系古璽	取法的楚系古璽
無受想行識	右桁正木	行府之璽
《方介堪篆刻集》 （黃賓虹題本） 第 14 頁	《古璽三百品》197	《古璽三百品》242

　　圖 41 爲方介堪所篆刻的仿古篆刻作品，內容爲“無受想行識”②，這方印章的分域風格雜糅，其中“受”字的形體與早期金文十分相似，其“受”字最後一筆加粗，出現了商周金文特有的肥筆。而其“行”與晉系印章“右桁正木”之“行”③ 和楚系印章“行府之璽”之“行”④ 字十分相似，其特點是行字較扁，左右兩撇較短，非金文。

---

① 莊新興編著：《戰國鉩印分域編》，上海：上海書店出版社 2001 年版，第 30 頁。
② 方廣強整理：《方介堪篆刻集》（黃賓虹題本），杭州：西泠印社出版社 2011 年版，第 14 頁。
③ 藝文類聚金石書畫館編：《古璽三百品》，杭州：浙江人民美術出版社 2016 年版，第 107 頁。
④ 藝文類聚金石書畫館編：《古璽三百品》，杭州：浙江人民美術出版社 2016 年版，第 129 頁。

表9　"無受想行識"之"言"旁與戰國各系璽印文字之"言"旁對比舉隅

圖 42 方介堪仿古璽作品	取法的秦系古璽	取法的燕系古璽	與晉系璽文 "言"的對比	與楚系璽文 "言"的對比	與齊系璽文 "言"的對比
無受想行識	言	言	言	言	言
《方介堪篆刻集》（黃賓虹題本）第 14 頁	《戰國鈢印分域編》2997	《戰國鈢印分域編》79	《戰國鈢印分域編》1494	《戰國鈢印分域編》1035	《戰國鈢印分域編》983

"無受想行識"（圖 42）中"識"字的"言"旁第一筆爲橫而非點，也不像戰國文字其他子系統的"言"旁，無橫也無點或第一筆爲點，方介堪所刻之"言"旁與秦系作■形（《戰國鈢印分域編》2997）、燕系作■形（《戰國鈢印分域編》79）相似，而與晉系作■形（《戰國鈢印分域編》1494）、楚系作■形（《戰國鈢印分域編》1035）、齊系作■形（《戰國鈢印分域編》983）① 都有所不同。

表10　"無受想行識"之"戈"部與戰國各系璽印文字之"戈"部對比舉隅

圖 43 方介堪仿古璽作品	與秦系璽文 "戈"的對比	取法的晉系古璽	與楚系璽文 "戈"的對比	與齊系璽文 "戈"的對比	與燕系璽文 "戈"的對比
無受想行識	戈	戈	戈	戈	戈
《方介堪篆刻集》（黃賓虹題本）第 14 頁	《戰國鈢印分域編》2845	《戰國鈢印分域編》1409	《戰國鈢印分域編》1052	《戰國鈢印分域編》770	《戰國鈢印分域編》101

圖 43 "識"字中的"戈"部橫畫末端稍帶彎曲，形體又與戰國文字晉系作■形（《戰國鈢印分域編》1409）相似，與秦系作■形（《戰國鈢印分域編》2845）、楚系作■形（《戰國鈢印分域編》1052）、齊系作■形（《戰國鈢印分域編》770）、燕系作■形（《戰國鈢印分

---

① 莊新興編著：《戰國鈢印分域編》，上海：上海書店出版社 2001 年版，第 20 頁。

域編》101）① 不同，因此，圖43 取法的時代風格是混亂的。此類印章應爲方介堪早期對金文與戰國古璽印文字的混用。

以上三方印章屬於方介堪對戰國古璽印文字各系之間的混用。

（二）對戰國古璽印文字與金文的混用

通過對方介堪仿古作品的分析，可以發現存在大量歷時混用的文字構型，表現爲與其他不同時代、不同風格、不同介質的混用。其中既混用戰國古璽印文字和西周金文，又混用古璽印文字和春秋金文，具體如下：

表 11　"我是清都山水郎" 之印文混用情況對比舉隅

圖44 方介堪仿古璽作品	取法的晉系古璽	取法的西周晚期金文	取法的西周晚期金文	取法的春秋金文
我是清都山水郎	錢邥都	是	我	瀞（清）
《方介堪篆刻集》 （張大千題本） 第 137 頁	《戰國鈢印分域編》 1435	《毛公鼎》， 《集成》2841	《豁簋》， 《集成》4317	《國差鐕》， 《集成》10361

圖44 是方介堪爲金文學家戴家祥（《金文大字典》作者）所刻，内容爲 "我是清都山水郎"②，從文字構型上看可稱其取法金文，"我" 字取金文之 "我" 字，如西周晚期金文《豁簋》"我" 字作 形（《集成》4317）③。"是" 字取金文之 "是" 字，如西周晚期金文《毛公鼎》"是" 字作 形（《集成》2841）④，"清" 字取金文之 "清" 字，如春秋金文《國差鐕》"清" 字作 形（《集成》10361）⑤。以此可以看出前三字都爲金文，第四字 "都" 字，翻閱古印譜不難發現，方介堪用的是晉系 "都" 的原字，"錢邥都" 之 "都" 的原字作 形（《戰國鈢印分域編》1435）⑥。圖44 的内容是西周晚期和春秋金文與戰國古璽印文字之間的混用。

---

① 莊新興編著：《戰國鈢印分域編》，上海：上海書店出版社 2001 年版，第 10 頁。
② 方廣强整理：《方介堪篆刻集》（張大千題本），杭州：西泠印社出版社 2011 年版，第 137 頁。
③ 中國社會科學院考古研究所編：《殷周金文集成》（修訂增補本），北京：中華書局 2007 年版，第 2688 頁。
④ 中國社會科學院考古研究所編：《殷周金文集成》（修訂增補本），北京：中華書局 2007 年版，第 1534 頁。
⑤ 中國社會科學院考古研究所編：《殷周金文集成》（修訂增補本），北京：中華書局 2007 年版，第 5585 頁。
⑥ 莊新興編著：《戰國鈢印分域編》，上海：上海書店出版社 2001 年版，第 255 頁。

表 12　"以無所得故"之"得"取法"侯得"之"得"

圖 45 方介堪仿古璽作品	取法的晉系古璽
以無所得故	侯得
《方介堪篆刻集》 （黃賓虹題本） 第 16 頁	《戰國鈢印分域編》1976

　　方介堪所篆刻的印章"以無所得故"①（圖45）中，"故"字的"攵"部最後一筆爲商周金文特有的肥筆，例如西周早期金文班簋作甴形（《集成》4341）②。如把"以無所"三字看成早期金文的話，那"得"字的取法應該爲戰國古璽"侯得"③，不難發現方介堪所刻的"得"字必然參考了古璽印章當中的"得"字，不管是結體還是所刻製綫條的品質，都與古璽印高度重合，因此，這方印章"得故"兩字的字法，一爲戰國古璽印文字，一爲帶有濃厚的金文特徵，也可以斷定爲對早期金文和戰國古璽印文字的混用。

表 13　"鄭曼青"之印文混用情況對比舉隅

圖 46 方介堪仿古璽作品	取法的晉系古璽	取法的西周晚期金文	取法的西周中期金文
鄭曼青	鄭同	曼	青
《方介堪篆刻集》 （張大千題本） 第 234 頁	《古璽彙編》1618	《曼龏父盨蓋》， 《集成》4431	《吳方彝蓋》， 《集成》9898

①　方廣強整理：《方介堪篆刻集》（黃賓虹題本），杭州：西泠印社出版社 2011 年版，第 16 頁。
②　中國社會科學院考古研究所編：《殷周金文集成》（修訂增補本），北京：中華書局 2007 年版，第 2742 頁。
③　莊新興編著：《戰國鈢印分域編》，上海：上海書店出版社 2001 年版，第 345 頁。

　　圖46是方介堪爲畫家鄭曼青所作①，其中"鄭"字帶有典型的晉系古璽特點，重心偏高，"邑"旁的末筆拉長，且在上端帶有弧綫，"鄭"字對應《古璽彙編》1618"鄭同"②。"曼"字取金文之"曼"字，如西周晚期金文《曼龏父盨蓋》"曼"字作形（《集成》4431）③，且末筆也增加了青銅器中特有的肥筆。"青"字取金文之"青"字，如西周中期金文《吳方彝蓋》"青"字作形（《集成》9898）④。這方印章"鄭"字用法接近晉系，"曼青"兩字接近早期青銅器銘文。此璽文既有戰國古璽印文字，又有西周晚期金文和西周中期金文，屬於跨時代風格的錯綜混用。

（三）對戰國古璽印文字與《說文》小篆的混用

　　通過對方介堪仿古作品的分析，可以發現存在大量歷時混用的差異，表現爲與其他不同時代、不同風格、不同介質的混用。其中有對戰國古璽印文字和《說文》小篆的混用，例如"善子書畫"（圖47）⑤，"書畫"二字是標準的戰國古璽印文字，字法並非小篆，《說文》中分別作書和畫形⑥。金文"書畫"二字分別作形（《集成》10172）⑦和形（《集成》2841）⑧。"善子書畫"⑨之"書畫"二字可從《古璽彙編》中找到印章"書"字⑩，以及晉系古璽的"孫畫"之"畫"字來佐證⑪，其"書畫"二字的形體借用了戰國古璽。"善子書畫"之"善子"二字則與《說文》小篆"善"和"子"字的形體更爲接近，分別作、形，其原因有二：一是從結體上看，方介堪所刻的"善"字結體較爲平穩，觀察西周晚期金文《毛公鼎》"善"字作形（《集成》2841）⑫，可以發現，西周晚期金文的"善"字更富有姿態。二是從字法上看，圖47不應爲戰國古璽文字，"善"字在戰國古璽印中的字法較爲簡單，應爲"善獻"⑬之"善"所示，且在其他戰國印章中未見方介堪所刻的"善"字形體，在金文形體中，下面兩"言"應少一橫。"子"字形體在西周晚期金文與戰國古璽印文字體系中無較多明顯變化，但從方介堪印譜的"子"字綫條弧度較大可以看出其形體更接近小篆字形。故這方印章屬戰國古璽印文字與《說文》小篆的混用。

①　方廣強整理：《方介堪篆刻集》（張大千題本），杭州：西泠印社出版社2011年版，第234頁。
②　故宮博物院編，羅福頤主編：《古璽彙編》，北京：文物出版社1981年版，第169頁。
③　中國社會科學院考古研究所編：《殷周金文集成》（修訂增補本），北京：中華書局2007年版，第2817頁。
④　中國社會科學院考古研究所編：《殷周金文集成》（修訂增補本），北京：中華書局2007年版，第5206頁。
⑤　方廣強整理：《方介堪篆刻集》（張大千題本），杭州：西泠印社出版社2011年版，第63頁。
⑥　許慎：《說文解字》（注音版），長沙：嶽麓書社2006年版，第65頁。
⑦　中國社會科學院考古研究所編：《殷周金文集成》（修訂增補本），北京：中華書局2007年版，第5478頁。
⑧　中國社會科學院考古研究所編：《殷周金文集成》（修訂增補本），北京：中華書局2007年版，第1543頁。
⑨　方廣強整理：《方介堪篆刻集》（張大千題本），杭州：西泠印社出版社2011年版，第63頁。
⑩　莊新興編著：《戰國鈢印分域編》，上海：上海書店出版社2001年版，第529頁。
⑪　故宮博物院編，羅福頤主編：《古璽彙編》，北京：文物出版社1981年版，第160頁。
⑫　中國社會科學院考古研究所編：《殷周金文集成》（修訂增補本），北京：中華書局2007年版，第1543頁。
⑬　故宮博物院編，羅福頤主編：《古璽彙編》，北京：文物出版社1981年版，第291頁。

表 14　"善子畫畫"之印文混用情況對比舉隅

圖 47 方介堪仿古璽作品	取法的晉系古璽	取法的晉系古璽	取法《說文》 小篆	取法的晉系古璽	取法的 西周晚期金文
善子書畫	書	孫畫	善子	善獻	善
《方介堪篆刻集》 （張大千題本） 第 63 頁	《戰國鈢印分 域編》3042	《古璽彙編》1519	《說文》小篆	《古璽彙編》3088	《毛公鼎》， 《集成》2841

表 15　"歐陽濟"之印文混用情況對比舉隅

圖 48 方介堪仿古璽作品	取法的晉系古璽	取法的晉系古璽
歐陽濟	高歐	泗亡忌
《方介堪篆刻集》 （黃賓虹題本） 第 79 頁	《古璽彙編》1132	《古璽彙編》2537

　　圖 48 爲"歐陽濟"①，其中"歐"字在古璽印中應如"高歐"②所示，左側只用一口，右側的欠旁較爲簡單，方介堪此處用的"歐"則似小篆形體𪓐，且因古璽印中"歐"字的"欠"部比小篆形體簡省，"陽"字左側的"阜"部非小篆形體，"阜"部取金文如西周晚期金文《虢季子白盤》"阜"部作𠂤形（《集成》10173）③或取古璽印文字"阜"部作𠂤形（《戰國鈢印分域編》770）④；《說文》小篆寫法應爲𠂤，其形體較早期金文及戰國文字的寫法更爲複雜。"濟"字則師法晉系俊秀一路，如"泗亡忌"⑤，佈局均衡有致，"濟"字的"水"部向右下延伸，與"泗"字的"水"部形體一致，這使印文空間均衡。因此，從這方印章的藝術風格及字法上不難看出應是對戰國古璽印文字與《說文》小篆的混用。

---

①　方廣強整理：《方介堪篆刻集》（黃賓虹題本），杭州：西泠印社出版社 2011 年版，第 79 頁。
②　故宮博物院編，羅福頤主編：《古璽彙編》，北京：文物出版社 1981 年版，第 128 頁。
③　中國社會科學院考古研究所編：《殷周金文集成》（修訂增補本），北京：中華書局 2007 年版，第 5480 頁。
④　莊新興編著：《戰國鈢印分域編》，上海：上海書店出版社 2001 年版，第 32 頁。
⑤　莊新興編著：《戰國鈢印分域編》，上海：上海書店出版社 2001 年版，第 438 頁。

（四）對"邑"旁的混用

方介堪在使用"邑"旁時混用的情況較多，出現混用戰國古璽印各系文字的情況，或戰國古璽印文字混《說文》小篆，或戰國古璽印文字混西周金文。由此可發現其對"邑"旁的分期分域特徵並不熟悉，方介堪混用"邑"旁印章五方如下：

表 16　"我是清都山水郎"之印文混用情況對比舉隅

圖 49 方介堪仿古璽作品	取法的秦系古璽	取法的秦系古璽	取法的秦系古璽	取法的晉系古璽
我是清都山水郎	鄒嬰	郭尼	郭頭	左邑發弩
《方介堪篆刻集》（張大千題本）第 137 頁	《戰國鉥印分域編》2881	《戰國鉥印分域編》2878	《戰國鉥印分域編》2879	《戰國鉥印分域編》1393

圖49①的"我是清"爲西周金文和春秋金文混用，"都"字取法晉系文字▨形（《戰國鉥印分域編》1435）②，通過對比發現"郎"字和"都"字也存在混用戰國古璽印各系文字的情況，"郎"字的"邑"部末筆從左側下來，向右傾斜，這是典型的秦系寫法，如"鄒嬰""郭尼""郭頭"③的"邑"部。晉系文字的"邑"旁，如"左邑發弩"④從右側而下筆畫較直，且秦系"邑"部帶斜筆，晉系則不帶，由此可知這方印章中的"郎"與"都"分別代表著兩個系統的文字。故這方印章爲戰國古璽印各系文字混用的情況。

表 17　"南都易氏古緣"之印文混用情況對比舉隅

圖 50 方介堪仿古璽作品	取法的《說文》小篆	取法的《說文》小篆	取法的《說文》小篆	取法的《說文》小篆	取法的晉系文字

---

① 方廣強整理：《方介堪篆刻集》（張大千題本），杭州：西泠印社出版社 2011 年版，第 137 頁。
② 莊新興編著：《戰國鉥印分域編》，上海：上海書店出版社 2001 年版，第 31 頁。
③ 莊新興編著：《戰國鉥印分域編》，上海：上海書店出版社 2001 年版，第 499 頁。
④ 莊新興編著：《戰國鉥印分域編》，上海：上海書店出版社 2001 年版，第 248 頁。

（續上表）

南都易氏古緣	南	易	氏	緣	都
《方介堪篆刻集》 （張大千題本） 第 240 頁	《說文》小篆	《說文》小篆	《說文》小篆	《說文》小篆	《戰國鈢印分域編》1435

　　圖50是"南都易氏古緣"①，其中"南"字似《說文》小篆寫法南；"都"字則採用晉系文字醫形（《戰國鈢印分域編》1435）②；"易"字採用《說文》小篆的寫法易；"氏"字將《說文》小篆氏的中間一橫改造爲一點，且末筆拉長，這和小篆重心偏高、末筆拉長的審美及結體是十分相似的；"緣"字的結體對比《說文》小篆緣，唯右側"象"部上竪未出頭，右橫出頭而已。"南""易""氏""緣"四字和小篆高度吻合。唯"都"字保留晉系原字風格，故這方印章可看作戰國古璽印文字混《說文》小篆的情況。

表18　"邵度"之印文混用情況對比舉隅

圖51 方介堪仿古璽作品	取法的晉系古璽
邵度	戈邘都
《方介堪篆刻集》 （黃賓虹題本） 第 181 頁	《戰國鈢印分域編》1435

　　圖51爲"邵度"③，"邵"字採用晉系古璽"戈邘都"的"邑"旁如邑形（《戰國鈢印分域編》1435）④，"邑"部重心拉高，末筆拉長；"度"則是《說文》小篆的寫法度。因此可看出這方印章爲對戰國古璽印文字與《說文》小篆的混用。

　①　方廣強整理：《方介堪篆刻集》（張大千題本），杭州：西泠印社出版社2011年版，第240頁。
　②　莊新興編著：《戰國鈢印分域編》，上海：上海書店出版社2001年版，第31頁。
　③　方廣強整理：《方介堪篆刻集》（黃賓虹題本），杭州：西泠印社出版社2011年版，第181頁。
　④　莊新興編著：《戰國鈢印分域編》，上海：上海書店出版社2001年版，第31頁。

表 19　"董辰生"之印文混用情況

圖 52 方介堪仿古璽作品	取法的西周早期金文	所取法的古璽
董辰生	辰	毛生奇
《方介堪篆刻全集》 黃賓虹題本 第 72 頁	《大盂鼎》， 《集成》2837	《古璽彙編》3943

　　圖 52 的内容是"董辰生"①，不難看出"董"字的"邑"旁取法晉系作 形（《戰國鈢印分域編》1435）②，重心偏上，末筆拉長。"辰"字取金文之"辰"字如西周早期金文《大盂鼎》"辰"字作 形（《集成》2837）③，"董辰生"的"辰"字將西周早期金文中的曲綫拉直，儘量與"邵"字的晉系風格統一。"生"字則取法古璽"毛生奇"之"生"字作 形（《古璽彙編》3943）④。這方印章應爲對戰國古璽印文字與西周金文的混用。

表 20　"郎靜山"之印文混用情況對比舉隅

圖 53 方介堪仿古璽作品	取法的西周晚期金文
郎靜山	靜
《方介堪篆刻集》 （張大千題本） 第 62 頁	《大克鼎》， 《集成》2836

①　方廣强整理：《方介堪篆刻集》（黃賓虹題本），杭州：西泠印社出版社 2011 年版，第 72 頁。
②　莊新興編著：《戰國鈢印分域編》，上海：上海書店出版社 2001 年版，第 31 頁。
③　中國社會科學院考古研究所編：《殷周金文集成》（修訂增補本），北京：中華書局 2007 年版，第 1516 頁。
④　故宮博物院編，羅福頤主編：《古璽彙編》，北京：文物出版社 1981 年版，第 364 頁。

　　圖53爲"郎靜山"①，"郎"字的"邑"旁取法晉系形（《戰國鈢印分域編》1435）②，"靜"字的《說文》小篆作靜形，"靜"字取金文如西周晚期金文《大克鼎》"靜"字作形（《集成》2836）③，這方印章應爲對西周金文與戰國古璽文字的混用。

　　通過以上五方印章可以發現，方介堪在古璽印印風的創作中對"邑"旁的混用大體表現在混用戰國古璽印各系文字，或戰國古璽印文字混《說文》小篆，或戰國古璽印文字混西周金文。其中第一方印章在刻製時即混用了早期金文，也混用了晉系和秦系文字；第二方印章風格對應《說文》小篆，但"都"字使用了晉系古璽印字法，這兩方都爲較典型的例子，可見方介堪在刻帶有"邑"旁的文字時較容易混淆字法及風格。在方介堪的時代，古文字資料及相關研究大抵是沒有現在多的，對戰國古璽分域的研究也是近些年來才發展起來的。當時古文字分域分期概念並不清晰，方介堪必然會受到那個時期學術水平的影響，這也是那個時代的局限所在。

三、結語

　　綜上所述，通過分析方介堪在仿古印璽時的取法及用字情況，可以推斷出其所刻古璽從藝術風格上多取法戰國寬邊細朱文古璽印，又學習戰國古印的特殊制式。但方介堪受到時代的限制，其印章中的用字會出現誤字和文字混用情況，主要體現在戰國文字各系璽印文字之間的混用、戰國古璽印文字與早期金文的混用、戰國古璽印文字與《說文》小篆的混用，特別是其極易混淆"邑"旁的用法，這證明方介堪對此偏旁的使用是比較模糊的。在王國維之前大致沒有戰國文字分域，因此在那個時代出現混用也是可以理解的。本文的目的當然是紀念方介堪，我們不僅要記住方介堪在印學中的重要地位和突出貢獻，還要回顧其所在的時代，找出那個時代的局限，以史爲鑒，豐富今天的印學，我想這一定也是方介堪願意看到的，也是紀念先生最好的方式，"金無足赤，人無完人"，"瑕不掩瑜，未足韜其美也"，今者所見爐火純青，先生所付畢生識藝。方介堪將目光遠眺至秦漢以前，博古通今、有機融合，形神兼備、繁簡並重，即便是歷史原野上足跡寥寥之地，方介堪的廣取博學仍爲後人開闢出了一片立足之處。以刀代筆，纖毫畢現，先生的情懷翻飛於一座又一座藝術高峰之上，開闢了近百年來中國印壇的新貌。篆刀刻石，遊刃揮揮，先生之才冠絕古今；腕底生風，留澤鄉梓，先生之氣當代山斗。

參考文獻

［1］方廣強整理：《方介堪篆刻集》，杭州：西泠印社出版社2011年版。

［2］龔文：《方介堪先生篆刻藝術評析》，《東南文化》2004年第1期。

---

　　①　方廣強整理：《方介堪篆刻集》（張大千題本），杭州：西泠印社出版社2011年版，第62頁。
　　②　莊新興編著：《戰國鈢印分域編》，上海：上海書店出版社2001年版，第31頁。
　　③　中國社會科學院考古研究所編：《殷周金文集成》（修訂增補本），北京：中華書局2007年版，第1514頁。

［3］故宮博物院編，羅福頤主編：《古璽彙編》，北京：文物出版社 1981 年版。

［4］林子序：《上海現代篆刻家名典》，上海：上海人民美術出版社 2008 年版。

［5］劉桂成：《從臨摹到創作：劉桂成書學研究集》，長沙：湖南美術出版社 2020 年版。

［6］王美盛：《詛楚文考略》，濟南：齊魯書社 2011 年版。

［7］吳硯君：《倚石山房藏戰國古璽》，杭州：西泠印社出版社 2019 年版。

［8］許慎：《說文解字》（注音版），長沙：嶽麓書社 2006 年版。

［9］藝文類聚金石書畫館編：《古璽三百品》，杭州：浙江人民美術出版社 2016 年版。

［10］中國社會科學院考古研究所編：《殷周金文集成》（修訂增補本），北京：中華書局 2007 年版。

［11］莊新興編著：《戰國鈢印分域編》，上海：上海書店出版社 2001 年版。

A Study on the Characters Used in Fang Jiekan's Engraving of the Warring States Ancient Seals

Wang Enhao　Zhao Xin

Abstract：By analyzing the use of characters in the ancient seals of the Warring States period carved by Fang Jiekan，this paper discovers that the style of the ancient seals carved by Fang Jiekan mostly adopts the Warring States period wide edged fine Zhu script ancient seal，and also learns the special format and style of the ancient seal. But the use of characters in their seals often leads to misuse and mixing，which is mainly reflected in the seal "*wo shu yi zao ben wu fa*"（我書意造本無法）；The mixed use situation is quite complex，which can be divided into the mixed use of various ancient seal scripts of the Warring States period，the mixed use of ancient seal scripts of the Warring States period and early bronze inscriptions，the mixed use of ancient seal scripts of the Warring States period and the small seal script of the *Shuowen*（《說文》），especially when borrowing from the Warring States period seal scripts，it is easy to confuse the usage next to "*yi*"（邑），which can reflect the stage characteristics of the academic development of modern ancient seal scripts.

Key words：Warring States ancient seals，Fang Jiekan，characters used in ancient seals，history of seal carving

（中國美術學院書法學院/專業基礎教學部）

《五分律》形近訛誤字辨析[*]

劉 芳

提 要 《五分律》中存在不少異文現象，同一部佛經的不同版本以及不同佛經之間均存在不少異文，而其中有些異文是由字形相近導致的訛誤。本文將《大正新修大藏經》與《中華大藏經》兩部佛經所收的《五分律》進行對讀，對其中部分異文進行辨析，揭示了十組異文的錯訛情況。《五分律》一直少被人關注，對其中的形近訛誤現象進行探析，不僅能夠爲後人研究《五分律》提供較好的原始語料，還能爲佛經文獻的整理提供幫助。

關鍵詞 《五分律》 形近訛誤 異文 校勘

《五分律》，全稱爲《彌沙塞部和醯五分律》（Mahīsasakavinaya），又稱《彌沙塞部五分律》《彌沙塞律》，由劉宋佛陀什共竺道生等共同譯出。《五分律》共三十卷，被收藏於《大正新修大藏經》（以下簡稱《大正藏》）第二十二冊，以及《中華大藏經》（以下簡稱《中華藏》）第三十九、四十冊，是佛教戒律中的經典之作。其所記載的內容相當豐富，涉及僧尼日常生活的各個方面，是其吃、穿、住、行以及日常修行的行爲準則，不是單調乏味的清規戒律，而是“記述了當年制定有關戒條的緣由和經過，從僧尼的衣食住行以至七情六欲，涉及了生活的各個角落”（俞理明，1993：6）。因此，《五分律》在漢譯佛經中有著重要的研究價值。《五分律》與《四分律》《十誦律》《摩訶僧祇律》合稱爲“四部廣律”，簡稱“四律”，在“四律”中，《四分律》流行最廣、研究最豐富，《十誦律》與《摩訶僧祇律》亦曾盛極一時，但《五分律》卻一直少有人問津。臺灣學者勞政武曾說：“奇怪的是《五分律》，也不過比《十誦》《僧祇》稍晚出，但一直沒有人去弘揚。……其原因到底如何？文獻亦乏記載。”（勞政武，1999：68）目前看來，國內僅有張偉（2010）、王艷紅（2015）、丁慶剛（2017）三位學者將《五分律》作爲專門語料來研究其中的助動詞、雙音節新詞新義和部分疑難詞。另有部分學者在討論漢魏六朝佛經用語時，會不時將《五分律》作爲引用材料，如俞理明（1987）、錢群英（2004）、丁慶剛（2021），但多散見於論述中，只將其作爲補充語料，不是專門研究。故而可見極具價值的《五分律》存在極大的研究空間。

漢譯佛經由於輾轉抄錄和刊刻，在流傳的過程中出現了不少文字訛誤，給閱讀佛經和

---

* 本文爲河北大學文學院學生創新經費資助專案“王先謙《漢書補注》的語言學研究”（項目編號：24WXYD006）的階段性成果。

佛經整理等都造成了嚴重障礙。《五分律》中存在不少異文現象，包括形近訛誤字、音近通假字、同義換用字等。本文的"形近訛誤字"主要是指古籍在傳抄刊刻過程中因文字形體相近而發生訛誤之字（參考喻威，2023）。佛經中的形近字甚多，如不加以校訂，會導致文獻文意晦澀難懂，同時也容易使人誤解文義。本文主要以《大正藏》所收《五分律》爲語料，參照《中華藏》，將兩部佛經所藏《五分律》中部分形近訛誤字進行辨析，力求辨證訛誤，疏通文意。

一、葉—棄

爾時佛讚舍利弗言："善哉，善哉！汝所念善，所問亦善。舍利弗！維衛佛、<u>尸葉佛</u>、隨葉佛梵行不久住，拘樓孫佛、拘那含牟尼佛、迦葉佛梵行久住。"（《五分律》卷一，22/1b①）

按：例中"尸葉佛"，在《五分律》中僅此一例，《大正藏》校記：尸葉，宋、元、明、宮本作"尸棄"。梵文爲 Sikhin。《中華藏》所印此品爲金藏廣勝寺本，亦作"尸棄佛"（《五分律》卷一，39/881a②），無校勘記。"尸棄佛"是。

據《長阿含經》卷一"大本經"所載，尸棄佛爲過去七佛之第二尊佛，於過去三十一劫出世，人壽七萬歲，姓拘利若，於分陀利樹下成佛。初會度十萬比丘，第二會度八萬比丘，第三會度七萬比丘。第一弟子爲阿毗浮，第二弟子爲三婆婆，執事弟子名忍行。父爲刹利王種，名明相，母名光曜，子稱無量，父所治之城名光相（《長阿含經》卷一，1/2a－3b）。此外，僅《楞嚴經集注》"賢劫前同尸葉佛時出世"（《楞嚴經集注》卷五，11/439a）與此用字相同，其餘佛經均爲"尸棄佛"。故根據文獻用例和異文比勘，可斷定此處《五分律》用字應爲"棄"是，"葉""棄"上半部分形體極其相似，如不加以注意，則容易造成訛誤。

二、輟—醊（餟）

時須提那問訊如上……父母復言："爾雖吾子，今爲釋種，違我以道，夫復何言？但祖宗輟祠，人倫情重，王憲嗣絕，財物沒官，吾備之矣！汝豈不知，餘願所期在汝續種，汝其思之，吾言盡矣！"（《五分律》卷一，22/3a）

按：例中"輟祠"，《大正藏》校記：輟祠，宋、元、明、宮本作"繼嗣"。《中華藏》所印此品爲金藏廣勝寺本，亦作"輟祠"（《五分律》卷一，39/883b），校勘記云：輟祠，

資、磧、普、南、徑、清本作"繼嗣"。《大正藏》本慧琳《一切經音義》作"餟祠",釋義爲"《說文》'餟'同,張芮反。酹祭也。酹,音力外反,《字林》謂:'以酒澆地祭也。'"(《一切經音義》卷五十八,54/697a)《中華藏》本玄應《一切經音義》作"醊祠",釋義與《大正藏》本同(《一切經音義》卷十五,56/1051b)。"醊祠""餟祠"是。

《說文·車部》:"輟,車小缺復合者。""輟"的本義是車的某個部件出了小問題又修好,故多用來指中斷、停止,如《論語·微子》:"(長沮、桀溺)耰而不輟。""不輟",即指不間斷、不停止。又可進一步指廢止,如《荀子·天論》:"天不爲人之惡寒也,輟冬;地不爲人之惡遼遠也,輟廣。"故"輟祠"義爲停止祭祀或廢除祭祀。"餟"指灑酒於地表示祭奠,《說文·食部》:"餟,祭酹也。"段玉裁云:"《史記·孝武帝紀》:'其下四方地爲餟食。'《封禪書》作'醊食'。"《聲類》亦云:"'餟',今作'醊'。"[1] 故"餟""醊"爲古今字,詞義相同。"醊"(餟)又可表示連續祭祀義,如《後漢書·祭祀上》:"八陛,陛五十八醊,合四百六十四醊。""醊(餟)祠"亦表示連續祭祀義。縱觀例中文意,"但祖宗輟祠,人倫情重"一句,可知對於須提那想出家一事,父母並不同意。因爲在此前祖祖輩輩連續祭祀,供奉香火不斷。如若他出家爲佛,香火便斷了。此處"輟祠"以"祖宗"爲主語,故應爲連續祭祀義,而非停止祭祀,根據文意"醊(餟)祠"是。另外,《大正藏》和《中華藏》此處的異文均爲"繼嗣",亦可說明此處文意與"繼嗣"應同,故參看異文亦可提供旁證。

三、畫—盡

佛在耆闍崛山遙見其屋,種種刻畫,色赤嚴好。(《五分律》卷一,22/5b)

按:例中"畫",《大正藏》無校記。《中華藏》所印此品爲金藏廣勝寺本,作"尅盡"(《五分律》卷一,39/886b),無校勘記。"尅"同"剋",通"刻",雕刻、刻鏤義。"畫"是。

"刻畫"於此指雕刻繪畫,"尅盡"指雕刻完成。於例中語境,是指一名達尼迦比丘建造瓦屋,建成後,佛在耆闍崛山看見其屋,種種雕鏤裝飾房屋,顏色鮮紅、莊嚴美好。在佛經中,"種種刻畫"仍有其他用例,亦出現在建造房屋的語境中,如《摩訶僧祇律》:"時達膩伽作是念已,便於仙人窟邊黑石上,燒作完成瓦屋,種種刻畫、安施戶牖,唯除戶扇、戶鑰、衣架,餘者一時燒成,其色純赤如優曇鉢花。"(《摩訶僧祇律》卷二,22/238b)"刻畫"也多出現在房屋建造中,如《善見律毗婆沙》:"若檀越無人,有直與直亦好,若得直將至木師所,若須磚瓦,往至瓦師所,若須刻畫,往至刻畫師所,若有餘直可作牀席衣服房舍所須。"(《善見律毗婆沙》卷十三,24/764c),均指雕刻或泛稱裝飾房屋。故根據文獻用例以及語意,知此應作"刻畫"。"畫"與"盡"形體相近,相混之處甚多,

---

① 許慎撰,段玉裁注:《說文解字注》,上海:上海古籍出版社1988年版,第222頁。

如大正藏本《五分律》：“有諸比丘尼畫眼，佛言：‘不應爾，犯者突吉羅！’有諸比丘尼患眼須畫，佛言：‘病者聽畫。’”（《五分律》卷二十九，22/189b）宮本此即訛作“盡”，與此處《中華藏》本訛同。

四、若—苦

　　跋難陀復爲說法，臨別白言：“長老！明日見顧蔬食。”答言：“我不乏食，若無衣服。汝能與我身上一衣不？”長者言：“當與，至家籌量，不得便相與。”（《五分律》卷四，22/27a－27b）

　　按：例中“若”，《大正藏》校記：若，宋、元、明、宮本作“苦”。《中華藏》所印此品爲金藏廣勝寺本，亦作“若”（《五分律》卷四，39/929a），校勘記云：若，磧、普、南、徑、清本作“苦”。“苦”是。

　　此處的大語境是當時城中流行穿長衣，此跋難陀無，故根據例中跋難陀與長老的對話可知，跋難陀不缺蔬菜，但是缺少衣服，故向長老求衣。“苦”表明其情緒，即指其目前苦惱和憂傷的是沒有長衣。“若”指如果、好像，“若無衣服”前後語意不協。故此，根據異文以及前後語意，應是“苦”。“若”“苦”的隸書及草書形體非常相似，容易相混。

五、復—後

　　爾時六群比丘與諸比丘衣，復使沙彌、守園人奪。諸比丘問言：“汝不聞佛制與比丘衣，不得還奪耶？”答言：“聞，我今使沙彌、守園人奪，不違佛教。”諸比丘言：“自奪、教人，有何等異？”（《五分律》卷四，22/30a）

　　按：例中“復”，《大正藏》校記：復，宋、元、明、宮本作“後”。《中華藏》所印此品爲金藏廣勝寺本，作“後”（《五分律》卷四，39/933b），校勘記：後，麗本作“復”。“後”是。

　　此處承接上文師父與徒弟搶衣服的故事而來，故事簡介如下：跋難陀想與弟子達摩遊行去拘薩羅國，達摩以沒有禦寒的衣服爲由拒絶了師父，說有衣服便去，跋難陀便給了他衣服。得到衣服後的達摩又不肯去，同時也不願意把衣服還給師父。於是跋難陀便去搶奪，達摩便哭。後將此事稟告佛尊，佛尊呵責，便下戒說：“若比丘，與比丘衣還奪，尼薩耆波逸提。”此便是故事之由來。“復”指又、再之義，《說文·彳部》：“復，往來也。”是指同一行爲主體前後所發出的重複性動作或行爲。“後”則單純指時間上的先後順序。例中事件雖然相同，時間亦有先後，但人物是六群比丘與諸比丘及沙彌、守園人，不是跋難陀與達摩，稱不上是同一主體對同一事件的重複，而是六群比丘與諸比丘對前一事件的模仿，故

此不應用 "復"，而是 "後"，即六群比丘給了諸比丘衣服，後來使喚沙彌與守園人去搶。參諸佛經，"後" "復" 二詞詞義分明，"後" 亦多指時間上之先後，多與表示時間或方向的詞連用，而 "復" 則指 "又、再"，即同一主體的重複性行爲。請看以下 "後" "復" 同時出現的諸例：

　　（1）有諸人等同來問訊，遇於經行所，頭面禮足，爲說妙法，示教利喜已，各歸其家。闡陀便還，上座已據其房，如是展轉乃至小房亦復如是；既不得住，便遊人間。後諸人等復來問訊，見諸比丘露處經行，問言："我師闡陀今在何處?"（《五分律》卷三，22/14c）

　　（2）調達復作是念："我既不能得害於佛，唯當破其和合僧耳! 佛大神力，若我能破其僧，名必遠振。"佛知其意，語調達言："汝莫破和合僧! 若僧已破，能和合者，其人生天一劫受樂；若僧和合而破之者，墮地獄中一劫受苦。"調達聞已暫捨是心，後尋復生如上所念。（《五分律》卷三，22/20b）

　　（3）到時持鉢入城乞食，一婆羅門見生樂著，心作是念："此比丘尼今不可得，唯當尋其住處，方便圖之。"蓮華色乞食畢，還安陀園，入所住房，彼婆羅門隨後察之，知其住處。後日時到，復行乞食，彼婆羅門於後逃入，伏其牀下。（《五分律》卷四，22/25b–25c）

　　（4）後時，著衣持鉢入城乞食，王與群臣樓上遙見，便生是念："我先許彼比丘守園人，不知得未?"即問前所敕臣，臣言："未與。"王復問言："吾敕來幾日?"（《五分律》卷五，22/31a）

　　從以上諸例不難發現，"後" "復" 二詞各司其職、各有所指。如例（1），先是 "有諸人等同來問訊"，然後才有 "後諸人等復來問訊"，"後諸人" 之 "後" 是指時間上的先後，而 "復" 則是指 "諸人問訊" 這一重複性行爲。又如例（2），"復生如上所念" 的前提是調達已有 "破和合僧" 之念，雖被佛告誡暫捨此念，然 "後尋"，即過了不久又產生了這種念想，在此 "復" 的主體均是調達，而所念亦是 "破和合僧"。例（3）"後日時到，復行乞食"、例（4）"後時……王復問言" 亦同，"後" 均指時間上的先後，"復" 則是同一主體的重複性動作。由此可見 "爾時六群比丘與諸比丘衣，復使沙彌、守園人奪" 語，是 "後" 顯然。

六、住—作

　　爾時畢陵伽婆蹉住楞求羅山，飛在空中塗灑所住房。時瓶沙王往至彼山，畢陵伽見王來，忽還在地，白言："善來大王! 可就此坐。"王坐已問言："何故自作，無守園人耶?"（《五分律》卷五，22/30c）

按：例中“作”，《大正藏》無校勘記。《中華藏》所印此品爲金藏廣勝寺本，作“住”（《五分律》卷五，39/938a），校勘記云：何故自住，磧、普、南、徑、清本作“何以自作”；麗本作“何故自作”。“何故”與“何以”義同，即“爲何”義，均表疑問。“作”是。

“自作”指親自做，“自住”指自己住。“何故自～，無守園人耶？”單看此句，“作”“住”均通。然此處根據例中語境，應是“自作”，即問爲何自己一人裝飾房屋，因前文畢陵伽婆蹉住在楞求羅山，自己飛在空中裝飾其房屋外牆。恰逢瓶沙王到此處，畢陵伽婆蹉飛還至地，請王就座，故而王詢問他爲何自己親自裝飾房屋，而非問他爲何自己一個人住。另外，根據下文“時五百家，日差一人，掃除房舍，承受所爲”（《五分律》卷五，22/31a）一句，亦可斷定“自作”是。“作”“住”形體亦近，故訛混。

七、唯—誰

　　爾時有一外道囊盛五百金錢，到水邊飲，忘不持去。有一比丘從後來見，作是念：“此是唯物？”（《五分律》卷九，22/64c–65a）

　　時斷事人不信樂佛法，便非理斷，即取反縛，打驢鳴鼓，於四衢道頭欲殺之。時波斯匿王在高樓上遙見，問左右言：“彼是唯？”答言：“是沙門釋子。”（《五分律》卷九，22/65a）

按：例中兩處“唯”，《大正藏》無校記。《中華藏》所印此品爲金藏廣勝寺本，兩處均作“誰”（《五分律》卷九，39/1000b，1000c），無校勘記。CBETA 電子佛典於“此是唯物”處出校記爲“誰【CB】，唯【大】”，而於“彼是唯”處無更改，亦無校記。兩處均應“誰”是。

“唯物”，於例中語境中不協，“彼是唯”，語義不通。“誰物”即“誰的物品”，於例中語境即是一後來比丘到水邊時發現一囊，於是心想：“這是誰的東西呢？”自然地發問，語意通俗。“彼是誰”，即“那人是誰”，於是後文回答“是沙門釋子”，亦文意暢通。“唯”“誰”，“口”旁與“言”旁相亂，應是在刊刻過程中“言”上半部分損毀，故而成“唯”。

八、穈—糜

　　即作穈米、粟米、稗米、秫米、拘留米飯。（《五分律》卷二十二，22/151c）

按：例中“穈”，《大正藏》校記：穈，宮本作“糜”。《中華藏》所印此品爲金藏廣勝寺本，作“糜”（《五分律》卷二十二，40/143c），無校勘記。《大正藏》本慧琳《一切經音義》作“糜米”，釋爲“古文作糜，籀文作𥟋，同。桑感反。《說文》‘米和羹也’。律文作糵，非也。"（《一切經音義》卷五十八，54/698a）《中華藏》本玄應《一切經音義》與此同（《一切經音義》卷十五，56/1053b）。"穄米"是。

　　"穄"是指穄子，一種糧食作物，也叫糜子，跟黍子相似，但不黏。《說文·禾部》："穄，穄也。"段玉裁曰："此謂黍之不粘者也。"[1]"糋"音計，見《篇海》，義未詳。張涌泉認爲"糋"疑乃"穄"之換旁俗字[2]，我們認爲"糋"是"穄"之形旁訛誤字。《大正藏》本經文均作"穄"，且多與"粟""稗"等詞一起出現，如《中阿含經》："或食菜茹，或食稗子，或食穄米，或食雜䴤，或食頭頭邏食，或食粗食。"（《中阿含經》卷四，1/441c）又如《善見律毗婆沙》："五正食者，粳米飯、穄米飯、粟米飯、赤粳米飯、麥飯，此五種米作粥，初出釜畫成字不得食，若米合菜作粥亦如是。"（《善見律毗婆沙》卷十六，24/784b）我們認爲"糋"爲"穄"之形旁訛誤字，禾旁與米旁相似，極易相混，故抄經者在傳抄過程中將"糋"誤寫爲"穄"，這是極有可能的。此外，慧琳和玄應《一切經音義》作"糂米"，亦不可從。"糂"指"以米和羹"或指"米粒，飯粒"，《說文·米部》："糂，以米和羹也。一曰粒也。"詞義與語境不符。在例中，"粟米"指小米、稗子、黏米。"稗"通"粺"，"稗米"指精米。"秄"同"莠"，"秄米"即指品質不好的米。可見，"稗""秄"相反相對，指米品質的好壞，而與"粟米"相對即"穄米"，指米之黏與不黏。故應爲"穄米"。

九、徐—除

　　若比丘上廁時應一心，看前後左右，至廁前謦欬、彈指，令廁中人、非人知；廁中人亦應彈指、謦欬。既入廁，復應看前後左右，仰視屋間，無蛇、虺、毒虫不？不應以衣突戶兩邊，好收欲之。一心安足，勿令前卻以污廁上；若先有污及己所污，皆應治事，須洗洗之，須拭拭之，須除草穢除之，然後出去。<u>徐</u>下護衣，勿使污穢。往小便處及洗大小便處，亦應如是。（《五分律》卷二十七，22/177a）

　　按：例中"徐"，《大正藏》校記：徐，宋、元、明、宮本作"除"。《中華藏》所印此品爲金藏廣勝寺本，作"除"（《五分律》卷二十七，40/197c），校勘記云：除，麗本作"徐"。"除"是。

　　"徐下護衣"指緩慢地"下護衣"，置於此處文意不通。例中語境是比丘上廁所時需要注意的事情，"護衣"此處是指上廁所時披在衣服上的外罩，防止衣服沾上污穢。"徐"指緩慢地、緩緩地，在此處"徐"之語義與語境不協。"除"有脫下、取下義，如《水滸傳》第二四回："一腳歇了擔兒，便去除了簾子，關上大門，卻來家裏坐地。""除下護衣"即指脫下外邊罩衣，"勿使污穢"，文通意順。"彳""阝"相混常見，故"除"是。

---

① 許慎撰，段玉裁注：《說文解字注》，上海：上海古籍出版社1988年版，第322頁。
② 張涌泉：《漢語俗字叢考》（修訂本），北京：中華書局2020年版，第614頁。

十、鳴—嗚

　　二比丘尼捉兒生疑，佛言："無犯！"二比丘尼共兒眠生疑，佛言："亦無犯！"莊嚴兒，共<u>鳴</u>。佛言："不應爾！聽洗浴，與乳哺。若離懷抱，應與比丘令出家；若不欲令出家，應與親，親養令長成。"（《五分律》卷二十九，22/189c－190a）

　　按：例中"鳴"，《大正藏》無校勘記。《中華藏》所印此品爲金藏廣勝寺本，作"嗚"（《五分律》卷二十九，40/222a），亦無校勘記。CBETA 電子佛典作"鳴"。"嗚"是。

　　"鳴"，《說文·口部》："鳴，鳥聲也。"引申爲凡出聲皆爲鳴，故"共鳴"是指與別人產生相同的情感。置於例中語境，則指比丘尼與孩子一同產生莊重嚴肅的情感，似乎亦通，如此何故後文佛尊言："不應爾！"故上下文語境不協。"嗚"有"親吻"義，南朝宋劉義慶《世說新語·惑溺》："乳母抱兒在中庭，兒見充喜踴，充就乳母手中嗚之。""嗚之"即"親之"，故"共嗚"指相互親吻，於例中語境則指比丘尼與孩子親吻，故佛尊言："不應爾！聽洗浴，與乳哺。"不可以親吻，但是可以洗浴和哺乳。"鳴"與"嗚"字形十分相近，極易訛混，故此處根據語義應是"共嗚"。

　　綜上，本文主要以《大正藏》與《中華藏》本所收《五分律》爲語料，對其中"葉—棄""輟—醊（餟）"等十組形近訛誤字進行辨析，不僅校正了《大正藏》本所收《五分律》中存在的文字錯誤情況，如"輟—醊（餟）""若—苦""復—後""住—作"等，同時也根據異文以及語境糾正了《中華藏》本所收《五分律》中的錯訛，如"畫—盡""稷—穄"。另外還可發現，從上述十組異文來看，《大正藏》本中的文字訛誤情況更多，由此導致部分地方語義難懂。通過對此兩部佛經的對讀，我們不僅可以對其文字錯訛情況進行互校，能夠在一定程度上恢復文獻的原本面貌，而且對於漢語史、詞彙史、訓詁、版本等方面的研究都有著重要意義。《五分律》是"四部廣律"之一，目前研究尚少，故而對《五分律》形近訛誤字進行分析，可以在一定程度上還原佛經文本的原本面貌，給後來研究提供較真實、準確的語料，具有重要的研究價值和意義。

參考文獻

［1］丁慶剛：《中古律部漢譯佛經俗語詞札記》，《成都大學學報》（社會科學版）2017 年第 3 期。

［2］丁慶剛：《中古律部漢譯佛典俗語詞例釋》，《成都大學學報》（社會科學版）2021 年第 4 期。

［3］漢語大詞典編輯委員會、漢語大詞典編纂處編纂：《漢語大詞典》（第六版），上海：漢語大詞典出版社 1990 年版。

［4］勞政武：《佛教戒律學》，北京：宗教文化出版社 1999 年版。

［5］錢群英：《佛教戒律文獻釋詞》，《語言研究》2004 年第 2 期。

［6］王艷紅：《〈彌沙塞部和醯五分律〉中雙音節新詞新義研究》，遼寧師範大學碩士學位論文，2015 年。

［7］俞理明：《漢魏六朝佛經在漢語研究中的價值》,《四川大學學報》（哲學社會科學版）1987 年第 4 期。

［8］俞理明：《佛經文獻語言》, 成都：巴蜀書社 1993 年版。

［9］喻威：《出土先秦秦漢文獻與古書形近訛誤字校訂專題研究》, 西南大學碩士學位論文, 2023 年。

［10］張偉：《〈彌沙塞部和醯五分律〉助動詞研究》, 四川師範大學碩士學位論文, 2010 年。

［11］張涌泉：《漢語俗字叢考》（修訂本）, 北京：中華書局 2020 年版。

Analysis the Buddhist Scriptures of *Wu Fen Lü* (《五分律》) Near Mistake Characters

Abstract：There are many different texts in the Buddhist scriptures of *Wu Fen Lü* (《五分律》). And this phenomenons present in different versions of the same Buddhist scriptures and different Buddhist scriptures, and some of these different texts were errors caused by similar fonts. In this paper, *Wu Fen Lü* (《五分律》) collected in the two Buddhist scriptures of *Da Zheng Xin Xiu Da Zang Jing* (《大正新修大藏經》) and *Zhong Hua Da Zang Jing* (《中華大藏經》) was read in pairs, and some of the variants were analyzed, revealing the errors of ten groups of variants. *Wu Fen Lü* (《五分律》) has been paid little attention to. The analysis of the near-form errors in it could not only provided a better original corpus for future generations to study *Wu Fen Lü* (《五分律》), but also provided help for the collation of Buddhist scriptures.

Key words：*Wu Fen Lü* (《五分律》), near-form errors, deritive language, collation

（河北大學文學院）

二十年磨一劍，揭開漢字演化之謎

——評仇燦的《通用漢字源流考釋》

張玉金

仇燦是吉林省榆樹縣（現榆樹市）人，他的母親雖然隻字不識，但是在仇燦小的時候就告訴他要敬惜字紙，所以他很早就在心中樹立起漢字神聖的觀念。1977 年，仇燦考入東北師範大學中文系，聆聽過古文字學家孫曉野的專業課和王夢華老師的古代漢語課。老師們上課每講到一個漢字，往往畫出該字的古文字字形，闡釋當代漢字的來歷。這爲他後來的研究奠定了良好的基礎。1982 年大學畢業後，他到齊齊哈爾鐵路教育學院做教師，主講現代漢語和現代文學，研究的興趣點則在現代漢字。他發表了多篇論文，出版了學術著作《通用漢字結構論析》。1994 年，他來到深圳寶安區西鄉街道就職，在黨政辦公室負責文字材料工作。

即使做了公務員，仇燦也沒有放棄對漢字學的研究。1997 年，他決心利用業餘時間研究漢字，立志將 7 000 個通用漢字的來龍去脉弄清楚，寫出一本字典性質的學術著作。他十分投入，說：“這個字沒搞明白，我捨不得放下，基本上都研究到深夜一兩點。”有一年，在安徽召開的一次學術研討會上，仇燦結識了南京大學文學院教授、語言學家王希杰，得到了王希杰的極大鼓勵，後來許多年王希杰都給予仇燦大力的支持。2016 年，仇燦辦理了退休手續後，就全身心投入漢字的研究和《通用漢字源流考釋》的寫作之中。到了 2019 年書稿基本完成。此書稿中有大量的古文字字形和一些不成字的偏旁，因而編校起來十分困難。儘管此書的出版面臨不少周折，但是功夫不負有心人，2021 年 8 月，這部書稿終於出版了。王希杰在該書的序言中寫道：“《通用漢字源流考釋》是仇燦的孩子，不過這個孩子可不是‘十月懷胎’，而是二十多年呀！”現在的學者推崇前人對學術著作的精雕細琢，就用“十年磨一劍”來形容，可是仇燦卻是“二十年磨一劍”！

仇燦爲人很好，十分重視朋友之間的情誼；他很有韌性，爲了實現目標持之以恒；他治學嚴謹認真，對所寫的書稿反覆修改，精益求精。

《通用漢字源流考釋》研究的是 1988 年發佈的 7 000 個通用漢字，從字形、字義和字音的角度探究每一個漢字的源流，以實現“兩個接合”，完成“一個對接”。第一個接合是將每一個漢字現存的最早字形及不同時期的各種形體與當今通用漢字字形接合；第二個接合是將本義、與今義相關的系列義項跟當今通行漢字字義接合。一個對接是將只用於偏旁的罕用字集中在附錄中，與正文相呼應，實現整字與偏旁的對接。

該書具有以下一些特點：

一是具有科學性。作者具有比較扎實的學術功底，20 多年來以嚴謹的態度勤耕不輟，較充分地吸收了古今漢字的研究成果，參考了《漢語大字典》《漢語大詞典》《新甲骨文編》《新金文編》和《戰國文字編》等十幾種著作，撰寫出這樣具有科學性的著作。

二是具有創新性。該書實現了"兩個接合"，完成了"一個對接"，王希杰在該書的序中認爲這樣的漢字專著"是首創的"。在字形結構的分析中，除了傳統的象形、指事、會意和形聲等造字方法外，還根據字形構形的實際，增補了合體象形、借形表義、意音、象意以及會意兼形聲、形聲兼會意等不同的形制。對以往學術界在漢字研究上的紛紜眾說進行抉擇，對現行通用辭書（含《漢語大字典》《漢語大詞典》）中回避的、遺漏的、有爭議性的字形字義作了嘗試性修補或訂正，撰寫出這樣具有創新性的著作。

三是具有獨特性。跟其他字典不同，該書沒有分項釋義和列舉例證。每個字頭下先列古文字字形（如果有的話），明確該漢字的形義和發音的源頭，然後闡釋其流變軌跡，撰寫出這樣具有獨特性的著作。到目前爲止，漢字學著作數量眾多，該書將以其獨有的特點立於漢字學著作之林，也將"藏之名山，傳之其人"。

四是具有實用性。該書的研究對象是《現代漢語通用字表》收錄的 7 000 個通用漢字。這 7 000 個漢字今天的人們還在使用，人們很想知道這些漢字的源頭如何，爲甚麼這樣寫，爲甚麼有這樣的義和音，是怎麼從最初變成今天這個樣子的。正是適應了一般人的這種需求，作者才撰寫出這樣具有實用性的著作。該書出版後，將成爲廣大讀者案頭的常備書，時時爲人們解答漢字源流方面的疑惑。

五是具有簡明性。漢字的初形本義以及其後的流變是十分複雜的問題，不容易表達清楚。作者厚積薄發，用少量的文字把很複雜的問題表達清楚，撰寫出具有這樣簡明性的著作。

六是具有可讀性。作者以准說明文行文，使各個字條所蘊含的政治、軍事、民俗、人文、歷史等多方面的資訊連貫列出，語言流暢，一氣呵成，讓每個字條形成一篇完整的短文，撰寫出這樣具有可讀性的著作。

漢字是我們至今仍在使用的書寫符號單位，因此，研究漢字問題具有重要的學術價值和應用價值。普及漢字知識，有助於提高全民族的科學文化水平。今天許多外國人對漢語漢字感興趣，該書的出版將有助於外國人學習漢語漢字，有助於中國文化躋身於世界。習近平總書記提出要把馬克思主義基本原理同中華優秀傳統文化相結合，而中華優秀傳統文化基本上是由漢字記錄下來的，該書的出版也有助於中華優秀傳統文化的傳承。

《通用漢字源流考釋》與《說文》有相似之處。跟《說文》相比，該書有所進步：一是《說文》主要說解了漢字的本義和形體結構，亦即東漢時期所能見到的漢字的初形、本義和造字法，而該書還包括了漢字形、音、義的流變，連接了通用漢字的古與今。二是《說文》所用的古文字字形主要有篆文，也有古文、籀文，而該書還使用了甲骨文、金文、戰國文字等。三是《說文》中存在一些錯誤，該書一般都加以更正了。《說文》在古代具有崇高的地位，學子們不讀《說文》是難以想象的。清代學者王鳴盛說：

　　《說文》爲天下第一種書，讀遍天下書，不讀《說文》，猶不讀也。但能通《說文》，餘書皆未讀，不可謂非通儒也。（《說文解字正義序》）

　　《說文》是用文言文寫的，一般人讀不懂。那就請讀讀《通用漢字源流考釋》吧。

2024 年 8 月 28 日

（作者系華南師範大學教授、博士生導師，遼寧師範大學特聘教授）

廣東省中國語言學會 2022—2023 學術年會召開

黃　瑋

2023 年 11 月 10 至 12 日，廣東省中國語言學會 2022—2023 學術年會在惠州成功舉辦。此次會議由廣東省中國語言學會和惠州學院聯合主辦，惠州學院文學與傳媒學院承辦。來自省內 30 餘所高校的近百位語言學專家、學者和研究生及華南師範大學文學院十餘名師生參加了此次會議。

惠州學院黨委副書記、紀委書記、省監委駐惠州學院監察專員羅川山，廣東省中國語言學會會長張玉金教授，廣東省中國語言學會榮譽會長邵敬敏教授先後在開幕式上致辭。

羅川山副書記向前來參會的專家學者表達了誠摯的敬意，重點總結了惠州學院的輝煌歷史以及惠州學院文學與傳媒學院在語言文字學研究上所取得的突出成就，希望以此次學會爲契機，進一步加強嶺南學術交流。

張玉金會長回顧了 2022 年以來學會回應黨的二十大 "加大國家通用語言文字推廣力度" 的號召開展的一系列工作與學術活動，並對學會的各位成員提出了 "拿專案、出成果、出人才" 的三大期望，希望廣大語言學專家、學者能夠聯合攻關，努力建設一支卓越的研究隊伍。

邵敬敏教授指出，學術界正在經歷巨大變革，年青一代學者逐漸成爲學術界新一批主力軍，語言研究必須擁抱以人工智能爲標誌的高科技。此外，邵教授還提出，我們要珍惜、支持、愛護廣東省語言學會，努力提高廣東省語言學會的號召力和影響力。

本屆年會分別於 11 月 11 日上午及 11 月 12 日下午進行了兩場大會報告，共有 7 位專家作了大會報告。

其中，暨南大學中文系邵敬敏教授作了題爲 "漢語副詞分類與歸類的原則及策略" 的主題報告。邵教授探討了現代漢語副詞整體分類和個體歸類的原則及策略，並將副詞總體分爲時間/範圍、否定/疑惑、程度/頻率、估測/關聯、方式/情態 5 個組合 10 個小類。

華中科技大學程邦雄教授作了題爲 "郭店簡《唐虞之道》裏的 '孝之𢼄'" 的主題報告。程教授在報告中討論了郭店簡《唐虞之道》中 "孝之殺" 中的 "殺" 的釋讀問題，並將其與辭書、傳世文獻中的 "減殺" 之 "殺" 進行區分，通過《說文》系列和訓詁系列的文獻資料考證，得出 "孝之殺" 的意思是 "孝情擴散" 的觀點。

華南師範大學文學院張玉金教授作了題爲 "出土先秦文獻 '作' 意義的歷時考察" 的主題報告。張教授以出土先秦文獻爲語料，考察了單音詞 "作" 的意義以及以 "作" 爲語素的複音詞從殷商時期到戰國秦代的發展演變，認爲"作"的本義不是"起"，而是"製作"，並以此爲起點，探究了單音詞"作"的詞義引申系統。

暨南大學語言資源保護暨協同研創中心主任甘於恩教授作了題爲"廣東地理語言學的回顧與展望"的主題報告。甘教授的報告從《廣東粤方言概要》《廣東東部閩方言語音地圖集》《廣東粤方言地圖集》三個地圖繪製的案例入手，展示了地理語言學成型的三個階段，並指出數字人文能夠突破傳統的地理語言學，使廣東地理語言學朝更深更廣的方向邁進。

暨南大學中文系趙春利教授作了題爲"現代漢語虛詞研究的方法論思考"的主題報告。趙教授以語義語法的語義本體論及其語法意義與語法形式的辯證關係認識論爲理論指導，以精確提取虛詞語義爲目的，提取出漢語虛詞的"功能性"語法性質及其"關聯顯意"的語法特點，按照從形式到意義再從證明到解釋的邏輯思路，提出漢語虛詞研究的四點系統方法論。

廣東外語外貿大學嚴修鴻教授作了題爲"閩西多方言接觸地帶'廚房'的地理差異"的主題報告。嚴教授考察了以連城縣爲中心的閩西多方言接觸帶上 151 個地點中常見詞"廚房"的說法、詞源及地理分佈，並基於方言比較進行地理淵源上的討論，最後形成了特徵分佈地圖，爲考察閩西方言差異提供參考。

廣州大學人文學院院長褟健聰教授作了題爲"粤方言文獻所見俗語詞'雞蘇'考辨"的主題報告。褟教授針對清末民國的粤方言俗文學文獻中多次出現的"雞蘇"一詞，從文例並舉、方言讀音、戲劇效果等角度入手進行研究，判斷"雞蘇"表示以臀相對，含有拒絕理睬的意味。

11 月 10 日晚進行了廣東省中國語言學會青年學者學術論文獎的評選，評選出一等獎 2 名、二等獎 4 名。此獎項旨在激勵廣東省青年學者從事語言學研究，吸引青年學者參加廣東省中國語言學會的學術活動，培養和壯大廣東省語言學研究的新生力量。

11 月 11 日下午至 11 月 12 日上午進行年會小組報告，本屆年會小組報告分 15 組進行，共彙報論文 77 篇，對現代漢語及方言的語音、詞彙、語義、語法，以及古漢語音韵、出土文獻語言研究、語言習得、語言運用與保護、辭書編纂、訓詁校勘等領域進行了深入的交流和探討。

11 月 11 日下午的第一組報告主要涉及漢語方言中的語法、詞彙及語音問題。第二組報告主要涉及語言接觸、古漢語音韵、可視方言及語言習得研究。第三組報告關注了漢語的語法分析、詞彙的語義變遷和在詞彙學習中相關因素造成的影響。第四組報告側重於展示出土文獻語言研究的有關成果，還討論了不同時期正俗字的概念問題。第五組報告主要涉及詞彙的來源和語義變遷、語法、語用等相關研究。

11 月 12 日上午的第一組報告關注政策實踐對語言的影響，政治話語的建構與影響，語言運用問題，漢語方言的語音、詞彙、語法研究，以及方言的傳承保護問題。第二組報告關注漢語及其方言的語法、語用研究。第三組報告涉及語言運用、語言習得、漢語史中的語法問題、漢語及其方言的詞彙研究。第四組報告主要涉及古今漢語方言的語音研究。第五組報告涉及辭典編纂、漢語方言本字考察、話語提煉、漢語及其方言中的詞彙演變和對比研究以及近代音韻材料考述。

11 月 11 日下午舉行了廣東省中國語言學會會員大會，本次會員大會選舉了第十屆學會領導班子和監事會、理事會成員，華南師範大學文學院張玉金教授繼續當選廣東省中國語言學會會長，選舉副會長 5 人，分別是暨南大學甘於恩教授、暨南大學趙春利教授、中山大學林華勇教授、廣東外語外貿大學嚴修鴻教授、廣州大學禤健聰教授，華南師範大學國際文化學院方清明教授新當選爲秘書長。

11 月 11 日晚召開了廣東省中國語言學會第十屆理事會以及臨時黨支部會議。本次會議討論了新會員入會申請以及未來幾次會議的承辦單位等具體事宜。張玉金會長表示，理事們應關注學會工作，抓緊開展會員的納新工作，努力壯大廣東省語言學會的力量。

閉幕式由方清明秘書長主持，並舉行了廣東省中國語言學會 2022—2023 青年學者學術論文獎頒獎儀式。惠州學院文學與傳媒學院陳夢院長、趙春利副會長致閉幕辭。陳夢院長總結了此次年會的活動內容，再次對此次年會的主辦單位廣東省中國語言學會和前來參會的專家學者們表示衷心感謝，希望惠州學院今後能與廣東省中國語言學會繼續保持密切聯繫，加強合作，爲廣東省以及中國語言學的發展貢獻更多的力量。趙教授表示了對本次年會舉辦的感懷、感想和感謝，簡要回顧了本次學術年會大會報告的精彩內容，並指出此次年會的小組報告品質高，研究方法全面，突出了方言大省的特點。最後祝賀廣東省中國語言學會 2022—2023 學術年會的舉辦取得圓滿成功！

華南師範大學文學院張玉金教授擔任廣東省中國語言學會第九屆、第十屆會長。廣東省中國語言學會成立於 1983 年 11 月，是省一級學會，是由廣東省內中國語言文字工作者自願組成的學術性的非營利性社會團體。歷任會長有中山大學中文系高華年教授、暨南大學中文系詹伯慧教授、暨南大學中文系邵敬敏教授、中山大學中文系李煒教授。學會團結省內中國語言文字工作者，積極開展學術研究和學術交流活動，努力提高語言研究和語言教學的水準，爲促進廣東省語言科學的發展和落實黨的語言文字工作的方針政策作出貢獻。

附　錄

附錄一　青年學者學術論文評獎獲獎名單

（一）一等獎

1. 彭偉明《春秋漢語語法研究的語料抉擇標準問題》

2. 袁夢溪《從多維語義視角再探語氣副詞 "並" 與 "又" 的異同》

（二）二等獎

1. 陳麗《河南信陽方言的 "把給"》

2. 呂娜《非計數義 "一量名" 的極性敏感與分佈語境》

3. 劉亞男《從海外藏河間府方言文獻看句末語氣詞“哪”的來源》

4. 張博《合意性動補結構“V 好”的組配規律與情態結構》

附錄二　參會學者及論文名單

1. 安華林《漢語學習詞典編纂的新探索》

2. 卞仁海《王彥坤〈路史校注〉述評》

3. 陳麗《河南信陽方言的“把給”》

4. 陳李茂《茂名方言精組塞化的内部機制及相關問題》

5. 陳淑環《惠州方言“畀佢”的多功能性及其語法化》

6. 陳澤群《副詞“不斷”的分佈特徵與語義内涵》

7. 程邦雄《郭店簡〈唐虞之道〉裏的“孝之𢚩”》

8. 丁新峰《驗證副詞“果真”的詞性、語義與情態内涵》

9. 丁沾沾《廣東佛山本地粵語的使用、傳承及保護》

10. 董國華《清代中後期廣東四種正音書材料及其研究價值考述》

11. 方清明、何曉琳《政治話語關鍵字“崛起”與“復興”的建構與影響》

12. 符昌忠《那鬥語韵尾的音變與創新》

13. 付義榮《村落振興的實踐路徑及其對語言生活的影響》

14. 甘於恩《廣東地理語言學的回顧與展望》

15. 何繼軍《“底”字關係小句動因與機制研究》

16. 黃年豐《廣東陸河客家話的指示代詞四分現象》

17. 黃曉雪《“V（＋賓）＋處所結構”格式中“處所結構”的語法化：以番禺粵語爲例》

18. 侯小英《大埔客方言效鹹山攝開口四等今讀洪音現象探析》

19. 姜迎春《湖北武穴方言的兒尾：兼論黃孝片方言兒尾類型的層次》

20. 金東雪《〈戰國策〉地名“無疎”小考》

21. 李佳玉《川渝方言中“巴適”的語義及用法》

22. 李捷、徐六一《語氣副詞“並”“又”的語用差異研究》

23. 李金鳳《興國客家方言性別詞的泛化用法》

24. 李立林《大灣區粵客方言與廣州話的語音接觸類型及特點》

25. 李穎《語體視角下依據義介詞語分析及留學生習得探究》

26. 李玉晶《戲源詞彙泛化的隱喻轉喻機制》

27. 李忠亮《“就算是”的連接取向與語義情態》

28. 梁吉平《漢語史中否定結構到條件連詞的範疇化》

29. 梁施樂《18 世紀末至 20 世紀初粵方言文獻精組與知莊章組分混情況》

30. 林晴《從漢語最早的錄音看四聲標準調值的形成》

31. 劉街生《連動和使動：漢語的連動特徵對漢語使動語義表達的影響》

32. 劉晶《今傳兩漢三國文獻中表達樂音高低的詞語研究》

33. 劉亞男《從海外藏河間府方言文獻看句末語氣詞 "哪" 的來源》

34. 羅琴芹《漢語普通話是非問語調的句法分析》

35. 呂娜《非計數義 "一量名" 的極性敏感與分佈語境》

36. 孟闖《唐代墓誌銘韵字校讀札記》

37. 孟建安《關於句式修辭教學的思考》

38. 龐光華《論客贛方言中見母讀爲端母的音變過程》

39. 裴夢蘇《認知領域下的漢字排檢方法研究》

40. 彭偉明《春秋漢語語法研究的語料抉擇標準問題》

41. 丘學強《境外 "可視方言" 淺探》

42. 饒宏泉《話語提煉與重要性彰顯："N 的 V" 的功能再探》

43. 邵敬敏《漢語副詞分類與歸類的原則及策略》

44. 沈曉梅《元話語在海外華語媒體中的運用：以世界日報中文網 "人類命運共同體" 相關報導爲例》

45. 石佩璇《粵東客家方言的領屬代詞》

46. 孫會強《論 "爲" 字被動式的起源》

47. 孫志豪《官話方言本字考二則："引孩子" 的 "引" 與 "混子魚" 的 "混"》

48. 吳麗婉《甲骨卜辭與殷墟考古互證二例》

49. 吳芳《揭陽閩南話的五種比較標記類型差比句》

50. 吳艷芬《江西贛語萍鄉話的兩字組連調與輕重格》

51. 王涵《殷墟甲骨文 "取" 的用法及意義》

52. 王凱《"不得不" 的話語關聯與語義內涵》

53. 王苗《川渝地區 "跟" "給" 混用的類型及歷史層級》

54. 王毅力《粵方言 "洗澡" 義動詞的共時分佈與歷時演變》

55. 王奕婷、余鵬《印尼留學生漢語疑問句語調習得實驗研究》

56. 溫昌衍《北京話陰平式強化變調補說》

57. 徐國莉《廣東漢劇傳統戲音韵的 "上口字"》

58. 禤健聰《粵方言文獻所見俗語詞 "雞蘇" 考辨》

59. 謝國劍《關於漢至隋正俗字判定的思考》

60. 嚴修鴻《閩西多方言接觸地帶 "廚房" 的地理差異》

61. 楊愛姣《從男性美到女性美："麗" 性別指向的語義變遷》

62. 袁夢溪《從多維語義視角再探語氣副詞 "並" 與 "又" 的異同》

63. 張博《合意性動補結構 "V 好" 的組配規律與情態結構》

64. 張倡瑋、丘學強《粵西電白水東黎話喉塞音〔ʔ－〕的音系地位》

65. 張殿典《嶽麓書院藏秦簡（貳）分數表達法研究》

66. 張舸《拉薩市中學生普通話與藏語使用情況調研與思考》

67. 張堅《廣東汕頭雷嶺"半山客"方言島的語言接觸》

68. 張慶文《惠東客語處置句中的"佢"和"畀佢"》

69. 張又文、華夏《韵律語法視角下的形容詞與名片組配問題》

70. 張玉金《出土先秦文獻"作"意義的歷時考察》

71. 趙春利《現代漢語虛詞研究的方法論思考》

72. 周敏莉《河南新縣方言程度副詞"嘛幾"的主觀性及其語法化》

73. 周芍《話語互動中"沒甚麼"的功能研究》

74. 朱思達《CSL 中的詞彙學習：探討自我調節在促進 L2 學習者詞彙知識中的作用》

75. 朱嫣紅《從曲藝文獻看粵方言讓步構式"VP + 極……"的形成》

76. 曾昭聰《漢語外來詞詞源研究中的若干問題》

77. 左乃文《隱性否定義"貌似"的語篇表現與評價立場》

出土文獻

CHUTU WENXIAN
YU YAN YANJIU 語言研究 第六輯

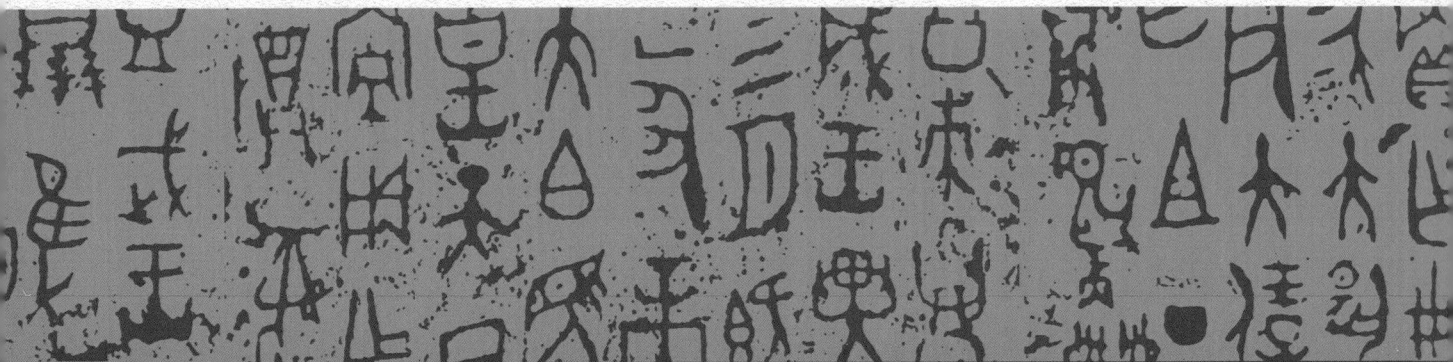

出版人：陽　翼

統　籌：杜小陸

責任編輯：黃志波

責任校對：劉舜怡

責任印製：周一丹　鄭玉婷

封面設計：集力書裝

暨南出版

ISLI

ISBN 978-7-5668-4085-1

9 787566 840851 >

定價：49.80圓